人工智能教育 四册
人工智能服务

王海涛 刘长焕 主编

清华大学出版社
北京

内 容 简 介

作为"人工智能教育"套书的第四册，本书主要面向小学四年级学生。在前三册书中，学生体验了人工智能设备及应用，了解了人工智能的思想，感受了人工智能的魅力。本书共四个单元，分别为人工智能技术基础、计算机智能的发生、智能校园管理服务、智能语音服务。首先介绍人工智能技术的基础，包括智能的产生过程，从原始的机械智能到人脑、计算机"脑"、计算机思考方式等；其次讲解计算机智能是如何发生的，从计算机如何获得知识，到计算机如何思考；最后以刷脸门禁系统和各种智能服务系统为例进行应用举例，让学生了解如何利用人工智能技术解决现实问题，激发学生对人工智能技术的兴趣。

本书适合作为小学中高年级的教材或辅助资料，也可供小学科技教师参考。

本书封面贴有清华大学出版社防伪标签，无标签者不得销售。

版权所有，侵权必究。举报：010-62782989，beiqinquan@tup.tsinghua.edu.cn。

图书在版编目（CIP）数据

人工智能教育 . 第四册，人工智能服务 / 王海涛，刘长焕主编 .—北京：清华大学出版社，2023.2
ISBN 978-7-302-62727-2

Ⅰ . ①人… Ⅱ . ①王… ②刘… Ⅲ . ①人工智能 – 小学 – 教学参考资料 Ⅳ . ① G633.672

中国国家版本馆 CIP 数据核字（2023）第 029643 号

责任编辑：白立军　杨　帆
封面设计：刘　乾
责任校对：申晓焕
责任印制：丛怀宇

出版发行：清华大学出版社
　　　　　网　　址：http://www.tup.com.cn, http://www.wqbook.com
　　　　　地　　址：北京清华大学学研大厦 A 座　　　　邮　　编：100084
　　　　　社 总 机：010-83470000　　　　　　　　　　邮　　购：010-62786544
　　　　　投稿与读者服务：010-62776969，c-service@tup.tsinghua.edu.cn
　　　　　质量反馈：010-62772015，zhiliang@tup.tsinghua.edu.cn
印 装 者：三河市龙大印装有限公司
经　　销：全国新华书店
开　　本：185mm×230mm　　　　印　张：6.25　　　　字　数：68 千字
版　　次：2023 年 4 月第 1 版　　　　　　　　　　　印　次：2023 年 4 月第 1 次印刷
定　　价：45.00 元

产品编号：099167-01

出版说明

2017年7月，国务院发布《新一代人工智能发展规划》，要求在中小学阶段设置人工智能相关课程，逐步推广编程教育。2018年1月，教育部正式将"人工智能"纳入《普通高中信息技术课程标准（2017年版）》。人工智能进入校园，为学生的个性化发展而设计人工智能课程，受到教育界的高度关注。2022年4月，教育部发布了义务教育阶段课程方案和各课程标准。在本次课程改革方案中，"信息科技"成为全国统一开设的独立课程科目，而人工智能技术是"信息科技"的重要内容。

本套书致力于开展人工智能普及教育，重点培养学生的理性思维、批判质疑精神和研究、创新能力，引导学生在掌握人工智能基本知识的同时，认识到人工智能在信息社会中发挥着越来越重要的促进作用，能够根据需要运用人工智能技术解决生活与学习中的问题，逐步成为信息社会的积极参与者。通过本套书的学习，学生能够获得人工智能的基本知识、技能、应用能力，以及相关的意识、伦理等方面的培育，在运用人工智能技术解决实际问题的过程中，成长为具有良好的信息意识与计算思维，具备数字化学习与创新能力以及信息社会责任感的未来公民。在编写过程中，除了聚焦人工智能信息素养的培育，还关注培养学生中国优秀传统文化与道德情感。例如，《人工智能教育（第二册）人工智能伴我游》以游览故宫为主线，通过古代文化与现代科技的融合，培养学生的爱国意识与文化自信。

依托北京师范大学"国家青少年STEAM教育体系建设及应用实践研究"课题的重要成果，本套书在编写过程中还参考了《义务教育信息科技课程标准（2022年版）》《普通高中信息技术课程标准（2017年版）》《中小学人工智能课程开发标准（试行）》等政策文件和行业标准，结合教学实际情况，由一线教师编写。

　　本套书的学习内容均来自学生真实的生活场景，以活动贯穿，以问题引入，运用生动活泼、贴近生活的案例进行概念阐述。其中，每单元的开头设置明确的学习目标，目标先行，以终为始，教师和学生可以根据目标安排学习进度，设定预期的学习结果。

　　本套书注重结合小学生的学习特点与教育规律，避免了单纯的知识传授与理论灌输。编写过程中构建了图图、灵灵、小智和AI小博士四个主人公，围绕他们在学校、家庭、社会中的所见所闻展开学习活动，具有亲切感。采用体验式学习、项目式学习与探究性学习，在阐述概念和理论的基础上，设置了聪明的大脑、AI大挑战、准备好了、奇思妙想、大显身手、我的小成就、AI爱创新等栏目。

| 图图 | 灵灵 | 小智 | AI小博士 |

　　聪明的大脑——旨在培养学生爱思考、善发现的学习习惯，在生活中能够发现问题、提出问题。

　　AI大挑战——把问题转化成挑战性任务，明确要学习的目标。

　　准备好了——为解决问题、挑战任务做好硬件、软件准备。

奇思妙想——为解决问题而先行设计，提出解决方案，培养设计思维和工程思维。

大显身手——主要是解决问题环节，提供具体的解决方案。

我的小成就——为学生提供展示与交流的机会，秀出自己的劳动成果。

AI 爱创新——在原有基础上拓展与创新，培养学生的创新意识与不断进取的精神。

本套书共六册。每册有不同的主题：第一册为走近人工智能，第二册为人工智能伴我游，第三册为生活中的人工智能，第四册为人工智能服务，第五册为人工智能与社会，第六册为人工智能与大数据。

参与本套书编写工作的教师均来自信息技术、通用技术、科学课程的教学一线，具有丰富的教育教学经验。他们对本套书的内容选择、展现形式、学习方式、组织实施、评价交流等都提出了很多宝贵的建议，部分内容还经历了多轮教学实验，从而保证内容的实用性和科学性。各册具体编写人员如下：

《人工智能教育（第一册）走近人工智能》

冯天晓　郑晓　姜凤敏　强光峰　朱燕娟　恽竹恬

《人工智能教育（第二册）人工智能伴我游》

李作林　温天骁　何玲燕　姜凤敏　朱燕娟　侯艺馨

《人工智能教育（第三册）生活中的人工智能》

杨玉春　霍俊飞　郝红继　傅悦铭　彭玉兵　张凯

《人工智能教育（第四册）人工智能服务》

王海涛　刘长焕　王晓龙　何玲燕　曹善皓　杨书恒

《人工智能教育（第五册）人工智能与社会》

孙洪涛　苏晓静　彭慧群　纪朝宪　孔伟　王栋

《人工智能教育（第六册）人工智能与大数据》

谢浩　纪朝宪　郑晓　李葆萍　恽竹恬　苏晓静

　　本套书适合小学阶段各年级学生、家长和一线教师阅读使用，要求亲自动手验证本套书中的内容，感受人工智能技术给人们生活带来的美好。

　　本套书得以完成，得益于清华大学出版社孙宇副社长、白立军编辑、杨帆编辑等工作人员的大力支持和帮助，以及北京师范大学人工智能学院、中国人民大学附属中学、中国海洋大学、山东省学前教育中心等单位提供的专业支持，在此表示衷心的感谢！同时还要感谢网易有道、邦宝益智对本套书提供的内容支撑和应用场景支持。

　　囿于作者能力，本套书难免存在不完善甚至错误之处，敬请广大读者批评指正。

2023 年 1 月

前　言

　　智能服务是将人工智能技术融入现代服务中，帮助人们提高生活品质，创造美好未来。人工智能正在融入我们的生活，很多同学可能已经切身感受到了人工智能技术带给我们的便利。本书以智能服务为主题，重点介绍了人工智能技术的基础知识，计算机智能是如何发生的，再以智能校园管理服务和智能语音服务为例列举和讲解了应用实例。

　　本书的主旨在于发展学生的人工智能意识、思维和观念；激发学生对人工智能技术的兴趣；提升其在智能环境下解决问题的能力；帮助未来智能社会公民在智能技术的辅助下有效合理地安排学习、工作和生活，并有想法、有能力、有机会参与社会发展建设，增强社会参与，提升责任担当。

　　全书包括四个单元。

　　第一单元——人工智能技术基础。以门锁为例，从简单的机械智能说起，介绍人类大脑的结构以及人脑认知的过程，讲解中央处理器、存储器及数据与指令的基础知识。

　　第二单元——计算机智能的发生。继续以智能门锁为例，讲解知识、知识表达及知识表达形式，介绍程序和程序流程的概念，说明计算机的工作过程，最后完成刷脸门禁系统的制作，让学生切身体会计算机智能的发生。

　　第三单元——智能校园管理服务。以校园生活中的三个真实问题为例，即楼宇人数统计的管理需求、遗留物检测和提示的管理需求、特定人智能跟踪的管理需求，介绍如何利用人工智能技术解决实际问题，发展学生的人工智能意识，启发学生思维。

　　第四单元——智能语音服务。以智能闹钟为例，介绍了语音识别技术的基本原理，展示了采集语音并提取相应的语音信息、编写程序生成语音控制命令、利用语音控制命令实现自动关闭闹钟功能需求的一系列操作过程，让学生感受到智能语音识别技术在生活中的应用。

作　者

2023 年 1 月

目 录

第一单元 人工智能技术基础 ·· 1

 第一课 机械智能 ··· 2

 第二课 人脑与计算机"脑" ··· 9

 第三课 像计算机那样思考 ·· 17

第二单元 计算机智能的发生 ·· 25

 第一课 知识与知识表达 ·· 26

 第二课 计算机的"思考"过程 ·· 33

 第三课 刷脸门禁系统 ··· 39

第三单元 智能校园管理服务 ·· 45

 第一课 人数统计服务 ··· 47

 第二课 遗留物检测服务 ·· 53

 第三课 智能跟踪移动服务 ··· 57

第四单元 智能语音服务 ·· 63

 第一课 语音识别技术 ··· 64

 第二课 语音控制编程 ··· 73

 第三课 智能闹钟 ·· 82

第一单元
人工智能技术基础

学习目标

（1）初步了解简单的机械智能。
（2）了解人脑的结构以及人脑认知的过程。
（3）掌握中央处理器、存储器及数据与指令（二进制）的基础知识。

今天图图放学回家沮丧极了！因为他到家后才发现自己把家门的钥匙落在学校教室的抽屉里了。图图在家门口等了好久，爸爸妈妈才下班回到家。

要是有一个能够识别人像的门锁就好啦！

第一课　机　械　智　能

聪明的大脑

想要制作一个能自动识别主人的门锁，首先要了解一下门锁的结构。你观察过门锁的结构吗？

AI 大挑战

了解门锁的结构，并且画出一种简单的门锁结构。

准备好了

如图 1-1 所示的绘图纸、铅笔和橡皮。

图 1-1　绘图纸、铅笔和橡皮

奇思妙想

门锁机构是门锁内部的巧妙结构，使用钥匙开门的门锁机构比较复杂，在没有电子控制技术的时代，人们都是靠门锁内部的结构实现开锁的，门锁机构里蕴含着人类的智慧。

如图 1-2 所示的木制门锁，右侧插入机关的是钥匙，钥匙没有插入前，3 个螺栓形状的木销因重力而下落，将门闩卡住，门闩不能拔出，门无法打开。钥匙上有凸起，插入钥匙，正好可以将 3 个木销顶起，到达合适高度后，门闩就可以拉出，门就打开了。

图 1-2　木制门锁工作过程

随着金属冶炼技术的发展，古人们使用青铜制作门锁，内部结构就可以利用金属的韧性了。如图 1-3 所示的金属门锁，锁芯插入锁内后，锁芯两侧弹起的金属片正好卡住锁头上的挡片，使锁芯不能拔出。钥匙中间有一段比较窄的空缺，钥匙插入锁孔后，空缺两侧的金属恰好将锁芯上弹起的两个金属片收拢，锁芯就可拔出。

现在使用钥匙开门的弹子锁，其关键在于钥匙上的凸起和凹陷插入锁孔后，正好可以将所有的弹子都对齐，钥匙就可以带动锁芯转动，从而带动其他与之相连的结构，实现开锁，如图 1-4 所示。

图 1-3　金属门锁的结构

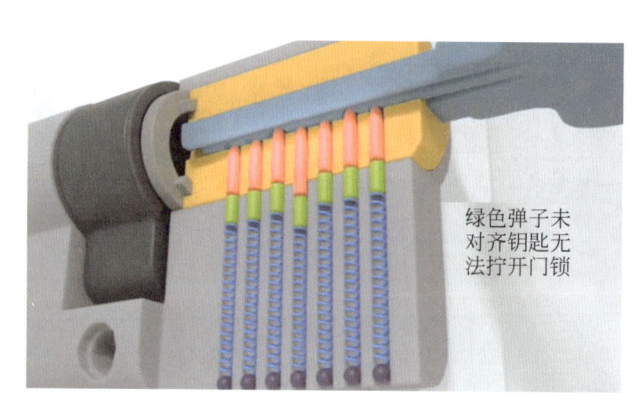

绿色弹子未对齐钥匙无法拧开门锁

图 1-4　弹子锁的结构

现代锁芯的转动原理与古代木制门锁有异曲同工之处，与锁芯相连的结构非常重要。图 1-5 所示是一种现代门锁，中间是锁芯，锁芯转动后，锁芯上的凸起转动，转到连接机构上的凹槽内，带动锁柱回缩，这个门锁有两个凹槽，钥匙转动两圈，锁柱回缩两次，锁柱与门锁边缘平齐，门就可以打开了。这个连接机构看起来也不简单呢！它还必须保证锁柱如果受到人为的推力不能回缩，否则门锁就不安全了。

机械结构里蕴含了人类的智慧，使得机械都拥有了一定智能。

第一单元　人工智能技术基础

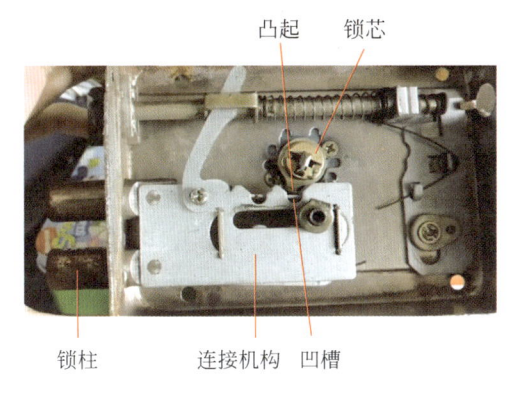

图 1-5　门锁的结构

荷兰工程师兼艺术家泰奥·杨森（Theo Jansen）制作过多架风力巨兽，如图 1-6 所示，风力巨兽不需要"进食"任何燃料，也不用插电，仅仅依靠海风的吹动就能带动自己庞大的身躯漫步前行。

图 1-6　风力巨兽（来源网络）

制作风力巨兽的材料很普通，即塑料薄膜、PVC 细管、木头等，通过框架结构组合，一堆没有生命的材料组合在一起后，在风力的推动下就能运动起来，

5

这完全要靠机械结构的巧妙，也就是机械智能所在。

这只风力巨兽的关键智能就在于它有风一吹就能向前走的机械腿，而且有很多条，每条腿有7个零件，每个零件的长度都经过多次修改和测试，最终确定的一组数据被泰奥·杨森称为"13个神圣数字"，其效果是最好的，足端轨迹基本可以达到行走自如，如图1-7所示。

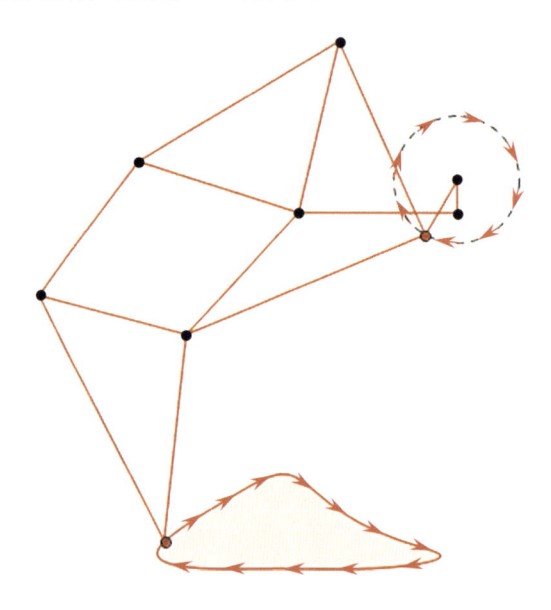

图 1-7　风力巨兽的腿结构

虽然巧妙的机械具有一定的智能，但是这个智能与人脑的高级智能是无法相比的。现在的人工智能技术发展很快，让机器认识人的脸已经不是一件难事了！首先有一台计算机，它可以通过采集要开门的人的脸部图像，然后与内部存储的家庭成员人脸图像库进行比对，发现当前的人与家庭成员中的某人相似度非常高时，就认为当前的这个人是该家庭的成员，然后计算机发出控制命令，让门锁机构打开门锁。如图1-8所示就是刷脸门禁的工作原理。比对工作是这个系统中最关键的部分，需要靠人工智能的图像识别技术来完成。

第一单元　人工智能技术基础

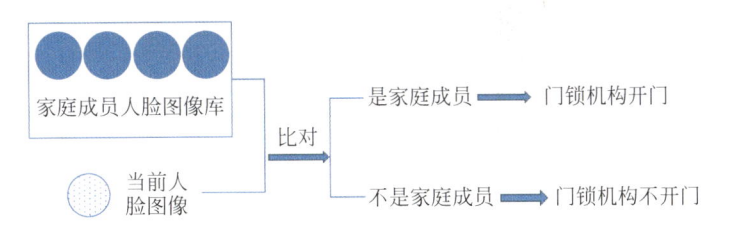

图 1-8　刷脸门禁的工作原理

刷脸门禁的关键不在于巧妙的机械结构，结构上可以简单到只有一个门闩，其最关键的是能准确地判断人脸是否是家庭成员的脸，这就要使用人工智能技术了。

大显身手

请画出一个门闩的结构图。

我的小成就

同学们将自己画的门闩结构图拿出来，比一比，谁画的结构更方便、更可靠，互相学习和评价，试试给自己的小成就打打分吧！

7

评价项目	很棒 5 分	良好 4 分	有待改进 3 分
是否起到门闩的作用	从内部和外部都不能打开门	从一个方向可以打开门，另一个方向不能打开	从内部和外部都可以打开门
结构方便	零件个数很少	零件个数较少	零件个数较多
结构可靠	晃动，门不会打开	晃动，门就打开	不晃动，门也会打开

AI 爱创新

　　分享和交流之后，你觉得哪些同学的方案比你的更好呢？借鉴同学们的好方案，画出一个你觉得最方便、最可靠的门闩结构吧！

第二课　人脑与计算机"脑"

我制作了一个门闩，但是需要有东西来控制它，是什么东西可以控制它呢？

计算机"脑"。我们来了解一下人脑和计算机"脑"吧！

聪明的大脑

我们可以认识自己亲人的脸，我们的大脑是如何做到的呢？计算机是怎么看懂人脸的呢？

AI 大挑战

任务一：了解人脑的结构以及人脑认知的过程。

任务二：用实验的方法来体验计算机"脑"接收到的信息。

准备好了

一支光敏电阻，一支 4700Ω 的定值电阻，两节 1.5V 电池及配套电池盒，一块万用表，如图 1-9 所示。

图 1-9　实验器材

奇思妙想

刷脸门禁的门闩需要控制，如果是人来控制门闩就简单了。人的眼睛看到敲门的人，就能认出是否是家庭成员，手就知道是否开门了，这完全是人脑的智能。先了解人脑是如何构成和工作的，才能理解刷脸门禁系统的大脑。

> **能量加油站**
>
> 　　人脑主要由大脑、间脑、中脑、脑桥、延脑和小脑等组成，如图 1-10 所示。人脑的各部分在结构和机能上有着密切的联系。
>
> 　　大脑能不断存储外界输入的信息，并将抽象的、整体的图像与具体的逻辑信息连接起来；小脑的主要功能是参与保持身体平衡和一些本能的身体运动；间脑是情绪变化的中枢，起着调控情绪等功能；脑干不仅负责人体的呼吸、血压、心跳等，而且还是大脑、小脑与脊髓相互联系的重要通路；覆盖于脑部表面的大脑皮层，可以算是控制人体机能的总司令，它不仅与躯体的各种感觉和运动有关，也与个人的语言能力、运动能力等诸多能力的形成和发挥有关。

第一单元　人工智能技术基础

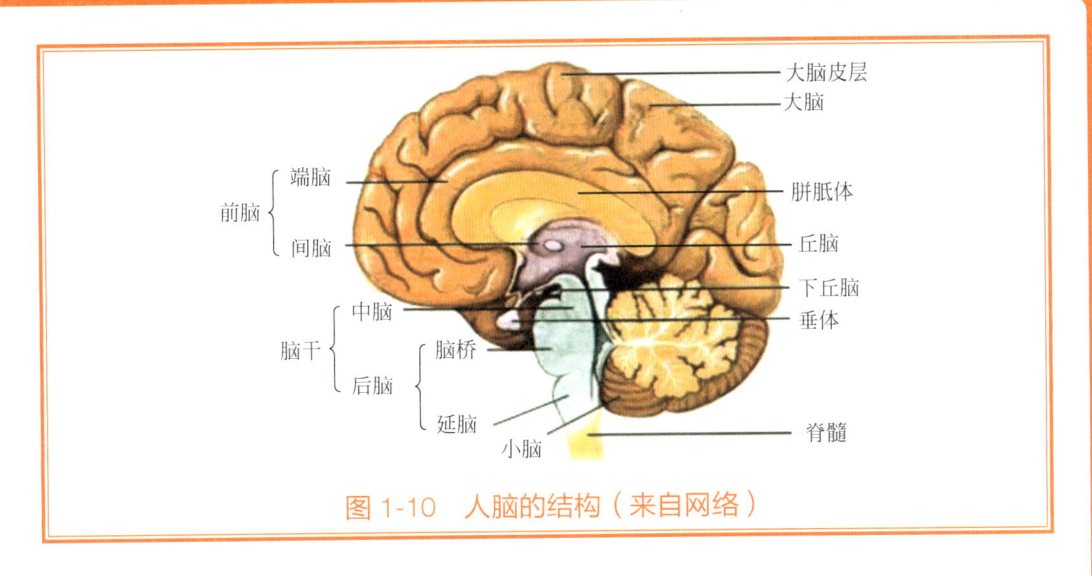

图 1-10　人脑的结构（来自网络）

人脑的这些结构要发挥出相应的功能需要神经系统的配合。

> **能量加油站**
>
> 　　神经系统（Nervous System）是机体内对生理功能活动的调节起主导作用的系统，主要由神经组织组成，分为中枢神经系统和周围神经系统两大部分。中枢神经系统又包括脑和脊髓，周围神经系统包括脑神经和脊神经。
>
> 　　中枢神经系统（Central Nervous System）由脑和脊髓组成，是人体神经系统的最主体部分。中枢神经系统接收全身各处传入的信息，经它整合加工后成为协调的运动性传出，或者存储在中枢神经系统内成为学习、记忆的神经基础。人类的思维活动也是中枢神经系统的功能。
>
> 　　周围神经系统是指脑和脊髓以外的所有神经，包括神经节、神经干、神经丛及神经终末装置。其功能为将外周感受器和中枢神经系统连接起来。

周围神经系统像在外驻守和侦查的"小兵"，而中枢神经系统则是它们的"元帅"，"小兵"一旦感受到了风吹草动就立马向"元帅"报告军情。

利用人工智能技术可为门闩制作一个控制系统，它的工作过程与人脑智能差不多。它的"元帅"叫作中央处理器，外部传感器就是侦查的"小兵"。

能量加油站

中央处理器(Central Processing Unit，CPU)是电子计算机的主要设备之一，即核心配件，如图1-11所示，其功能主要是顺序控制、操作控制、时间控制和数据加工。CPU是计算机中负责读取指令，对指令译码并执行指令的核心部件，主要包括两部分，即控制器和运算器，其中还包括高速缓冲存储器及实现它们之间联系的数据和控制总线。

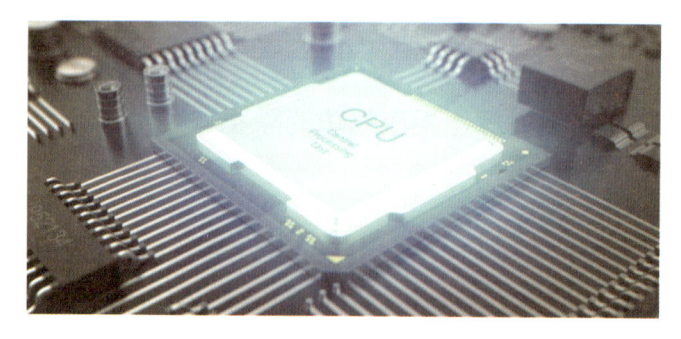

图1-11 CPU

人脑读取的信息是身体各个器官（如眼睛、耳朵、舌头、皮肤等）传过来的信息，那么CPU读取的指令是什么呢？其实就是数字电路中的0和1。

0和1从本质上来说是两个范围内的电压。日常生活中人们见到的遥控器的电池电压是1.5V，但是用了一段时间之后，电池就没电了，电压可能只有0.6V。电压可以变化，我们可以利用电压的变化传递信息。一般情况下，对于CPU而言，如果它读取的电压超过其供电电压的1/2，就相当于它读取了一个信息1；如果读取的电压没有超过其供电电压的1/2，那么它读取的就是信息0。

在计算机看来，所有的信息都是0和1。即使是一幅如图1-12所示的图像，

第一单元　人工智能技术基础

对于计算机也是 0 和 1 的信息集合。例如，0 代表白色，1 代表黑色，那么这幅图对于计算机来说就是这样一串信息：

```
0000000000000000
0000000000000000
0000111111111000
0001100000001100
0001000000000100
0001011100111010
0011010100101010
0100101001 01010
0010011100111010
0010000000000010
0010001000100010
0011001111100110
0001100000000100
0000111111111000
0000000000000000
0000000000000000
```

图 1-12　脸

　　计算机里的信息只有 0 和 1，看起来那么简单，似乎不能拥有什么智能。其实，计算机从一开始通过这种形式感知世界，发展到现在的智能水平，经过了很多科学家的不懈努力呢！

大显身手

实践活动：探究光控窗帘的智能

现在的光控窗帘（见图1-13）很智能：每当夜晚来临，窗帘就能自动闭合；每当清晨到来，窗帘又能自动拉开。同时，配合音响设备还能给主人播放温馨的起床音乐；即使主人不在家，出去旅行了，窗帘也能每天自动打开和关闭，让家里照进阳光。

图 1-13　光控窗帘

光控窗帘的智能来自于哪里呢？关键在于它能自动感受到光线的强弱。让我们来做一个实验体会一下吧！

能量加油站

光敏电阻如图1-14所示，制作材料通常为硫化镉，另外还有硒、硫化铝、硫化铅和硫化铋等材料。这些制作材料具有在特定波长的光照射下阻值迅速减小的特性。这是由于光照产生的载流子都参与导电，在外加电场的作用下做漂移运动，电子奔向电源的正极，空穴奔向电源的负极，从而使光敏电阻的阻值迅速下降。

图 1-14　光敏电阻

实验过程如下。

（1）将光敏电阻的一端和 4700Ω 的定值电阻的一端连接，定值电阻的另一端连接电池盒的正极（红色导线），光敏电阻的另一端连接电池盒的负极（黑色导线），最后在电池盒内装上电池，如图 1-15 所示。

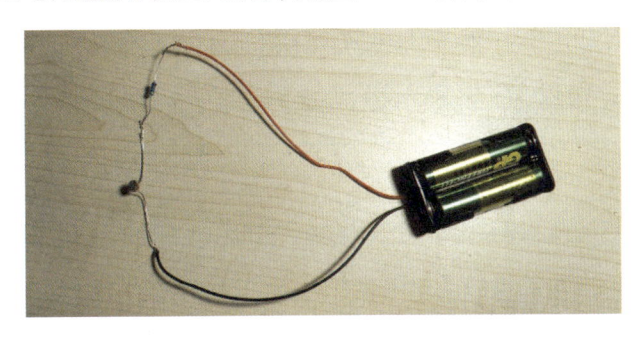

图 1-15　连接电路

（2）将万用表打开，拨到测量直流电压的 20V 挡位，万用表的黑色表笔碰触电池盒的负极，红色表笔碰触两支电阻的共用端。读取此时万用表的数值，如图 1-16（a）中的 0.41V。

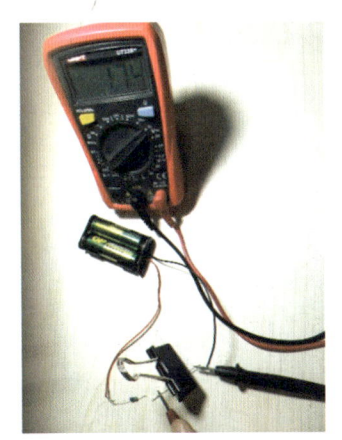

(a) 光敏电阻无遮挡物　　(b) 光敏电阻被文件夹遮挡

图 1-16　读取实验测试数值

（3）用遮挡物遮住光敏电阻，读取万用表上显示的数值，如图1-16（b）中的1.74V。比较遮住光敏电阻前后万用表数值的变化。

我的小成就

通过本课的学习，你了解了哪些知识呢？来为自己的成就卡画上星星吧！五星表示掌握得非常好，三星表示还需要努力。

小 成 就	星 级
知道了人脑的结构及人脑认知的过程	
成功探究了光控窗帘的智能来自哪里	

AI 爱创新

你在做实验时，如果使用相同的器材，光敏电阻在没有被遮挡时，万用表的示数会是0.41V吗？光敏电阻如果也被文件夹遮挡，万用表的示数还会是1.74V吗？为什么？

_____

_____

想一想，手遮住光敏电阻时，如果CPU此时读取信息，读到的信息是0还是1呢？为什么？请写出思考结果。

_____

_____

第一单元　人工智能技术基础

第三课　像计算机那样思考

我通过上节课的活动，明白了计算机"脑"里只有0和1，也是可以和人进行交流的。但是，现在的计算机都非常智能，随便一个复杂的数学算式，瞬间就计算出来了，那是如何实现的呢？

这是因为计算机"脑"不是只认单个的0和1，而是可以认识一串0和1组成的数据，因为数据的长度可以很长，所以可以表达的内容也是很多的。

聪明的大脑

计算机可以理解人类的命令吗？它是如何理解人类意图的呢？

AI 大挑战

任务一：了解计算机使用的二进制数。
任务二：学会二进制数与十进制数之间转换的方法。

准备好了

绘图纸、铅笔和橡皮。

奇思妙想

在日常生活中，人类看见一串串由0和1组成的数字,一定会感觉头晕眼花，那是因为我们使用的数据是十进制的。古人有"一而十,十而百,百而千,千而万",意思是"十个一是十,十个十是一百,十个一百是一千,十个一千是一万",逢十进一。当我们看到一串十进制数时,能耐心地读出它是多少,因为我们知道它每位之间的关系。计算机中的数据使用的是二进制,相邻两位数之间也是有关系的,这个关系就是逢二进一。

二进制的发现者是莱布尼茨,在数学和数字电路中以2为基数的计数系统,它的基数为2,0、1是计数符号。进位规则是"逢二进一",借位规则是"借一当二"。二进制是计算机技术中广泛采用的一种数制。

电子计算机最开始是使用电子管的状态来表示信息的,电子管只有开和关两种状态,所以计算机中只有两种基本的状态。也就是说,电子管的两种状态决定了以电子管为基础的电子计算机采用二进制来表示数字和数据。

> **能量加油站**
>
> 如图 1-17 所示,电子管是一种最早期的电信号放大器件。
>
> 图 1-17　电子管
>
> 利用电场对真空中的控制栅极注入电子调制信号,并在阳极获得对信号放大或反馈振荡后的不同参数信号数据。早期应用于电视机、收音机、扩音器等电子产品中,近年来逐渐被半导体材料制作的放大器和集成电路取代,但在一些高保

第一单元　人工智能技术基础

> 真的音响器材中，仍然使用低噪声、稳定系数高的电子管作为音频功率放大器件。
>
> 电子管的历史：
>
> 1883年，发明大王爱迪生在为寻找电灯泡最佳灯丝材料时曾做过一个小型的实验。他在真空电灯泡内部碳丝附近安装了一小截铜丝，希望铜丝能阻止碳丝蒸发。但是他失败了，他无意中发现，没有连接在电路里的铜丝，却因接收到碳丝发射的热电子产生了微弱的电流。当时爱迪生正潜心研究城市电力系统，没有继续研究这个现象。但他为这一发现申请了专利，并命名为"爱迪生效应"。
>
> 1904年，世界上第一只电子二极管在英国物理学家弗莱明的手中诞生了，这使"爱迪生效应"具有了实用价值。弗莱明为此获得了这项发明的专利权。
>
> 人类第一只电子管的诞生，标志着世界从此进入了电子时代。世界上第一台计算机用1.8万只电子管，占地170m^2，重30t，耗电150kW。
>
> 由于电子管的体积大，而且在移动过程中容易损坏，越来越多地表现出其弊端，于是人们开始寻找和开发电子管的可替代产品。1906年，美国发明家德·福雷斯特，在二极管的灯丝和板极之间巧妙地加了一个栅板，从而发明了第一只真空三极管。1947年，美国贝尔实验室的物理学家肖克利、巴丁和布拉顿三人合作发明了晶体管——一种三个支点的半导体固体器件。晶体管的出现是人类在电子方面一个大的飞跃，开辟了电子器件的新纪元，引起了一场电子技术的革命。

如果人需要与计算机交流，就必须懂得计算机的"语言"，我们看看十进制与二进制是如何互相转换的。

（1）十进制转二进制。

将十进制数转换为二进制数使用的是除以2取余的方法。最后，将余数从下向上倒序写出来就是转换成的二进制数。

以十进制数303为例，将其转换为二进制数。

$$303 \div 2 = 151 \text{ 余 } 1$$
$$151 \div 2 = 75 \text{ 余 } 1$$
$$75 \div 2 = 37 \text{ 余 } 1$$
$$37 \div 2 = 18 \text{ 余 } 1$$
$$18 \div 2 = 9 \text{ 余 } 0$$
$$9 \div 2 = 4 \text{ 余 } 1$$
$$4 \div 2 = 2 \text{ 余 } 0$$
$$2 \div 2 = 1 \text{ 余 } 0$$
$$1 \div 2 = 0 \text{ 余 } 1$$

故 303 的二进制为 100101111。

（2）二进制转十进制。

将十进制数转换为二进制数的计算过程反向推导，就可以把二进制数转换成十进制数。仍然以 303 的二进制 100101111 为例。已知余数，需从后向前依次计算方框中的数据。最后的计算式中如果整除就是商为 1 余数为 0，如果不整除就是商为 0 余数为 1。而后通过余数和商求出被除数，以此类推进行计算，最上方的被除数方框为 303。

$$\boxed{303} \div 2 = \boxed{151} \text{ 余 } 1$$
$$\boxed{151} \div 2 = \boxed{75} \text{ 余 } 1$$
$$\boxed{75} \div 2 = \boxed{37} \text{ 余 } 1$$
$$\boxed{37} \div 2 = \boxed{18} \text{ 余 } 1$$
$$\boxed{18} \div 2 = \boxed{9} \text{ 余 } 0$$
$$\boxed{9} \div 2 = \boxed{4} \text{ 余 } 1$$
$$\boxed{4} \div 2 = \boxed{2} \text{ 余 } 0$$
$$\boxed{2} \div 2 = \boxed{1} \text{ 余 } 0$$
$$\boxed{1} \div 2 = \boxed{0} \text{ 余 } 1$$

十进制数与二进制数可以互相转换，但是人类的语言和其他符号如何与计算机进行交流呢？

既然计算机能够认识人类的数据了，那么就可以将数据与人类的语言对应起来，如某个数据就代表某个字符或者某个汉字。人类的语言符号总是有限的，计算机的数据可以有很多位，所以数据与字符的对应肯定没问题了。

> **能量加油站**
>
> ASCII 码是被普遍采用的一个英文字符信息编码方案，如表 1-1 所示，它用 8 位二进制数表示各种字母和符号。例如，01000001 表示 A，01000010 表示 B。
>
> 表 1-1　ASCII 二进制码表
>
> | 低四位 | 高四位 ASCII非打印控制字符 |||||||||| 高四位 ASCII打印字符 ||||||||||||
> |---|---|---|---|---|---|---|---|---|---|---|---|---|---|---|---|---|---|---|---|---|---|---|---|---|
> | | 0000 |||| 0001 |||| 0010 || 0011 || 0100 || 0101 || 0110 || 0111 |||
> | | 0 |||| 1 |||| 2 || 3 || 4 || 5 || 6 || 7 |||
> | | +进制 | 字符 | ctrl | 代码 | 字符解释 | +进制 | 字符 | ctrl | 字符解释 | +进制 | 字符 | +进制 | 字符 | +进制 | 字符 | +进制 | 字符 | +进制 | 字符 | +进制 | 字符 | ctrl |
> | 0000 | 0 | | ^@ | NUL | 空 | 16 | ▶ | ^P | DLE 数据链路转义 | 32 | | 48 | 0 | 64 | @ | 80 | P | 96 | ` | 112 | p | |
> | 0001 | 1 | ☺ | ^A | SOH | 标题开始 | 17 | ◀ | ^Q | DC1 设备控制1 | 33 | ! | 49 | 1 | 65 | A | 81 | Q | 97 | a | 113 | q | |
> | 0010 | 2 | ☻ | ^B | STX | 正文开始 | 18 | ↕ | ^R | DC2 设备控制2 | 34 | " | 50 | 2 | 66 | B | 82 | R | 98 | b | 114 | r | |
> | 0011 | 3 | ♥ | ^C | ETX | 正文结束 | 19 | ‼ | ^S | DC3 设备控制3 | 35 | # | 51 | 3 | 67 | C | 83 | S | 99 | c | 115 | s | |
> | 0100 | 4 | ♦ | ^D | EOT | 传输结束 | 20 | ¶ | ^T | DC4 设备控制4 | 36 | $ | 52 | 4 | 68 | D | 84 | T | 100 | d | 116 | t | |
> | 0101 | 5 | ♣ | ^E | ENQ | 查询 | 21 | § | ^U | NAK 无响应 | 37 | % | 53 | 5 | 69 | E | 85 | U | 101 | e | 117 | u | |
> | 0110 | 6 | ♠ | ^F | ACK | 响应 | 22 | ▬ | ^V | SYN 同步空闲 | 38 | & | 54 | 6 | 70 | F | 86 | V | 102 | f | 118 | v | |
> | 0111 | 7 | • | ^G | BEL | 震铃 | 23 | ↨ | ^W | ETB 传输块结束 | 39 | ' | 55 | 7 | 71 | G | 87 | W | 103 | g | 119 | w | |
> | 1000 | 8 | ◘ | ^H | BS | 退格 | 24 | ↑ | ^X | CAN 取消 | 40 | (| 56 | 8 | 72 | H | 88 | X | 104 | h | 120 | x | |
> | 1001 | 9 | ○ | ^I | TAB | 水平制表符 | 25 | ↓ | ^Y | EM 媒体结束 | 41 |) | 57 | 9 | 73 | I | 89 | Y | 105 | i | 121 | y | |
> | 1010 | A | ◙ | ^J | LF | 换行/新行 | 26 | → | ^Z | SUB 替换 | 42 | * | 58 | : | 74 | J | 90 | Z | 106 | j | 122 | z | |
> | 1011 | B | ♂ | ^K | VT | 竖直制表符 | 27 | ← | ^[| ESC 转义 | 43 | + | 59 | ; | 75 | K | 91 | [| 107 | k | 123 | { | |
> | 1100 | C | ♀ | ^L | FF | 换页/新页 | 28 | ∟ | ^\ | FS 文件分隔符 | 44 | , | 60 | < | 76 | L | 92 | \ | 108 | l | 124 | \| | |
> | 1101 | D | ♪ | ^M | CR | 回车 | 29 | ↔ | ^] | GS 组分隔符 | 45 | - | 61 | = | 77 | M | 93 |] | 109 | m | 125 | } | |
> | 1110 | E | ♫ | ^N | SO | 移出 | 30 | ▲ | ^6 | RS 记录分隔符 | 46 | . | 62 | > | 78 | N | 94 | ^ | 110 | n | 126 | ~ | |
> | 1111 | F | ☼ | ^O | SI | 移入 | 31 | ▼ | ^- | US 单元分隔符 | 47 | / | 63 | ? | 79 | O | 95 | _ | 111 | o | 127 | DEL | Back space |
>
> 8 个二进制位称为 1 字节（Byte，B）。字节是最基本的信息储存单位，1 字节可以储存一个英文字母或符号编码，2 字节可以储存一个汉字编码。

同二进制数一样，二进制编码也是计算机内部用来表示信息的一种手段，人们平时和计算机打交道时没有想到它。我们仍然用习惯的方式输入或者输出信息，期间的转换则由计算机自动完成。

计算机中，一个存储单位（即1字节）里存放的究竟是二进制数还是二进制编码？是英文还是汉字？事实上都由程序进行识别。例如，表示英文字符的8位二进制编码的最高位是0，而表示汉字两个8位二进制编码的最高位是1，这就是程序区别存储单位里存放的是英义还是汉字的一个依据。

1980年，中国为6763个常用汉字规定了编码，称为GB/T 2312—1980《信息交换用汉字编码字符集 基本集》，每个汉字占16位。在简体中文版操作系统中，使用的是《汉字内码扩展规范》，即GBK，每个汉字占16位，它能表示21 003个汉字。Linux简体中文版操作系统中，使用的是UTF-8编码，大多数汉字占24位，能表示7万多个汉字。

大显身手

尝试将十进制数70转换成计算机可以看懂的二进制数，并写出过程。再将得到的二进制数转换成十进制数70，写出过程。

我的小成就

学习本课之后,你了解计算机使用的二进制数了吗?学会二进制数与十进制数之间的转换方法了吗?为你的小成就涂上颜色吧!五格小方块表示完成得很棒,三格小方块表示还需努力。

小 成 就	完 成 等 级
知道计算机使用的是二进制数,并了解其原因	
能够正确将二进制数转换成十进制数	
能够正确将十进制数转换成二进制数	

AI 爱创新

你理解人类是如何与计算机进行交流的吗?说说计算机为什么使用的是二进制?

_____
_____
_____
_____

第二单元
计算机智能的发生

学习目标

（1）了解什么是知识，什么是知识表达，理解有哪些常用的知识表达形式，并知道如何使用。

（2）知道程序和程序流程的概念，理解计算机的工作过程。

（3）搭建刷脸门禁系统的硬件，完成刷脸门禁系统的开发与制作，切身体会计算机智能的发生。

图图明白了计算机里虽然只有0和1，但是0和1组合起来可以表示很多内容，人们创造的符号都有相应的编码。不过图图还有个疑惑，文字虽然是有限的，可以一一编码，但这些文字组合起来能够表达无穷无尽的意义，计算机怎么能够理解呢？

人工智能教育（第四册）人工智能服务

第一课　知识与知识表达

> 我有个疑惑？我们的文字个数有限，但是文字组合起来表达的意义可以是无穷尽的，计算机怎么能理解呢？

> 我们人类世界的信息可以说是无穷尽的，而且还在不断变化，计算机如何理解我们人类世界呢？这个问题需要了解人如何把这么多的信息传递给计算机。这在人工智能领域的专业术语叫作"知识"与"知识表达"。

聪明的大脑

人类的知识这么复杂，计算机是如何理解人类的知识的呢？

AI 大挑战

你能不能教计算机如何识别一个图片是不是小狗？

准备好了

绘图纸、铅笔和橡皮。

奇思妙想

知识是人们从信息中提炼和概括出来的，人们的认知有限，得到的知识也不一定就是正确的。例如，古时候的人们就认为地球是宇宙的中心，太阳围绕地球转。

知识只有相对正确的特性。

用盲人摸象的故事就能很好地理解知识的这个特性。盲人就是认知有限的人类，摸到的大象的局部就是人类目前总结的知识。

大家都听过牛顿发现万有引力的故事。牛顿通过很多实验提炼出的牛顿力学定律足以解决人们日常生活中的各种问题，但是对于高速或微观物体，牛顿总结的力学定律就不符合现实情况了。

如何从一群人中辨别出老人呢？大家可能会想到一个办法就是看谁的头发花白了，谁就是老人。这种做法在大多数情况下是没问题的。但是会有一些特殊的情况，如有些病会使小孩的头发也变白，有时候悲伤和焦虑情绪也会使人的头发变白，现在的人将白头发染黑也是很常见的。这就使我们原来判断老人的标准变得不那么准确了。

> **能量加油站**
>
> 知识是人类世界特有的概念，源于人们的生活、学习与工作，是人们在各种实践活动中经验的汇集、智慧的概括与积累，是人类对客观世界的一种较为准确、全面的认识和理解。
>
> 知识，至今也没有一个统一而明确的界定。但知识的价值判断标准在于实用性，以能否让人类创造新物质，得到力量和权利等为考量。有一个经典的定义来自柏拉图：一条陈述能称得上是知识，必须满足三个条件，即它一定是被验证过的，是正确的，而且是被人们相信的。这也是科学与非科学的区分标准。
>
> 通常，人们把各种信息提炼、概括并关联在一起来利用信息，这是人们获取知识的有效手段。

知识的不确定性给人们带来了迷惑，但这是客观世界的多样性、复杂性的体现。人们将知识通过各种形式表达和传承下来，如书籍、绘画、歌谣等，可以说人类的历史就是不断积累知识和利用知识创造文明的过程。

人类的知识非常多，非常复杂，而且不确定性很强，人都感觉到迷惑，让计算机理解人类的知识就更难了，这也是人工智能技术近些年才取得突破进展的原因。经过一代代科学家们不停地研究，想方设法地让计算机理解知识，人们将知识进行分类，如将知识分为事实性知识、过程性知识、控制性知识。不同种类的知识有不同的特点，分类后更有利于表达。

事实性知识一般用于描述事物的环境、属性、状态等。例如，对猫的描述（见图2-1）：尖耳朵、四条腿、有胡须、长尾巴等，这就属于事实性知识。

图2-1　事实性知识——对猫的描述

过程性知识一般用于描述做事的过程。例如，怎么做馒头？先往面粉里加酵母，再用温水和面，然后把面放在温暖处发酵，最后做成面团放在锅里蒸。如果你拥有了这个过程性知识，你就会做馒头了。烹饪的知识里大多都是过程性知识。生活中还有很多过程性知识，如图2-2所示是开发项目的过程。

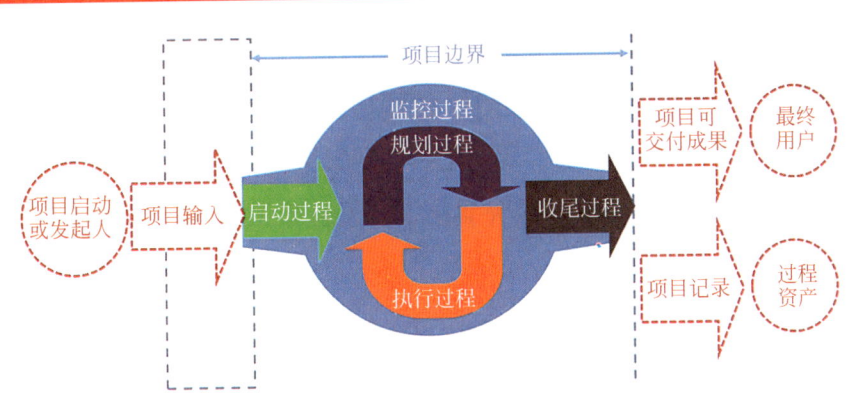

图 2-2　过程性知识——开发项目的过程

控制性知识主要是如何应用相关知识的知识。例如，一群机器人合作完成某项任务，就需要有当前各机器人处于什么状态的知识，处于这种状态下，各个机器人还需要有如何应对的知识。

知识表达的意义是为了让计算机能够理解人类的知识。知识表达方法有很多种，而且学者们还在不断地研究新的知识表达方法。不同的知识表达方法有各自的优缺点，求解不同的问题时，应该选择更合适的知识表达方法。

> **能量加油站**
>
> 　　知识表达就是为描述世界所做的一组约定，是知识的符号化、形式化或模型化。从计算机科学的角度来看，知识表达是研究计算机表示知识的可行性和有效性的一般方法，是把人类知识表示成机器能处理的数据结构和系统控制结构的策略。
>
> 　　经过国内外学者的共同努力，已经有许多知识表达方法得到了深入的研究，常见的知识表达方法有谓词逻辑表达、产生式表达、框架结构表达、状态空间图表达、语义网络表达、问题归纳表达、面向对象表达等。

（1）谓词逻辑表达。

谓词逻辑表达符合人的思维习惯，可读性好，逻辑关系表达简单，是很常用的一种知识表达方法。例如，要表达一组陈述性知识："李明是计算机系的学生。所有计算机系的学生都喜欢编程。"这组知识就可以通过定义谓词，再使用符号表达出来。

①定义谓词：

Computer(x)：x 是计算机系的学生

Like(x，y)：x 喜欢 y

②谓词表达公式：

Computer(liming);Like(liming,programing)

这组知识表达出来之后，计算机自己就可以推理出"李明喜欢编程"这个结论。谓词逻辑表达这种方法的优点是具有严密性、自然性、通用性，知识易于表达，易于实现；缺点是效率低，灵活性差，会组合爆炸。

（2）产生式表达。

产生式表达，又称规则表达，有时也被称为 IF-THEN 表达，它表示一种条件-结果形式，是一种比较简单的知识表达的方法。IF 后面描述了规则的先决条件，而 THEN 后面描述了规则的结论。这种方法主要用于描述知识和陈述各种过程知识之间的控制，及其相互作用的机制。例如，可以表达"什么是鸟"：

IF 动物会飞 and 会下蛋

THEN 该动物是鸟

根据这个知识，就可以解决某动物是鸟或者不是鸟的问题。

（3）框架结构表达。

框架结构表达是一种适应性强、概括性高、结构化良好、推理方式灵活的知识表达方法。这种方法认为自然界各种事物都可用框架结构来表达。例如，关于教师的知识可以设计一个如下框架结构：姓名、年龄、性别、职称、部门、住址、工资、开始工作时间、截止时间。通过这几项的调查，就可以把某位教师了解得很清楚。这种方法的不足之处是不善于表达过程性知识。

还有很多其他知识表达方法。如果不能将我们人类总结的知识表达出来，计算机就无法理解，所以知识表达的工作很重要！

大显身手

请你用产生式表达的方法教计算机如何识别一个图片是不是小狗？写下你的表达方式吧！

我的小成就

经过本课的学习，你了解知识的概念吗？明白人类为什么要将知识进行分类吗？为自己的小成就点赞吧！五个赞表示达到目标，三个赞表示还需努力。

小成就	点赞
了解了知识的概念，知道知识具有局限性	
知道人类将知识分为事实性知识、过程性知识等	
理解知识表达的作用及常见的知识表达方法	

AI 爱创新

（1）知识是什么？对于知识这个没有统一定义的概念，请写出你的理解。

_____
_____
_____

（2）知识表达的目的是什么？请查阅资料，学习一两种本课未提到的知识表达方法，与同学们交流和分享。

_____
_____
_____

第二单元 计算机智能的发生

第二课 计算机的"思考"过程

> 人类可以通过知识表达的方式告诉计算机很多知识，但是计算机中即使存储了很多知识，它怎么知道如何处理新的问题呢？

> 先想一想人在遇到新问题的时候是如何处理的呢？其实在你想的时候，人脑在回忆自己头脑中的知识，在寻找如何利用这些知识解决新问题。

聪明的大脑

计算机里可以存储很多知识，但是遇到新问题的时候，它是如何解决的呢？

AI 大挑战

计算机作为光控窗帘的"大脑"，请你告诉它该如何工作才能完成第一单元第二课光控窗帘的功能。

准备好了

绘图纸、铅笔和橡皮。

奇思妙想

计算机不是人，当然无法自己想出问题答案，但是人可以告诉它如何操作

33

得到答案。人们通过计算机程序指挥计算机。

> **能量加油站**
>
> 　　计算机程序（Computer Program）也称软件（Software），简称程序，是指一组指示计算机或其他具有信息处理能力装置执行动作或做出判断的指令，通常用某种程序设计语言编写，运行于某种目标计算机体系结构上。
>
> 　　计算机程序是计算任务的处理对象和处理规则的描述。任何以计算机为处理工具的任务都是计算任务。处理对象是数据或信息，处理规则反映处理动作和步骤。
>
> 　　计算机程序通常用高级语言编写源程序，程序包含数据结构、算法、存储方式、编译等，经过语言翻译程序（解释程序和编译程序）转换成机器接受的指令。程序可按其设计目的的不同分为两类：一类是系统程序，是为了使用方便和充分发挥计算机系统效能而设计的程序，通常由计算机制造厂商或专业软件公司设计，如操作系统、编译程序等；另一类是应用程序，是为解决用户特定问题而设计的程序，通常由专业软件公司或用户自己设计，如账务处理程序、文字处理程序等。
>
> 　　计算机程序通常有两种表现形式：①程序的目标代码，即目标程序，指可体现为一个电脉冲序列的一串二进制数（由0和1组成）指令编码。这种电脉冲序列是用来驱动计算机工作（以取得某种结果）时的计算机程序的表现形式。②源程序，指一系列排列有序的符号化指令或符号化语句。作为符号化的指令序列或语句序列，程序可以用数字、文字及符号表现，并且可以用有形媒体（如纸、磁盘）把表现加以固定。当一项程序以源程序的形式开发出来之后，通常可利用计算机系统将其"翻译"成可供计算机执行的目标代码。

　　人通过程序告诉计算机如何处理信息，计算机按照人告诉它的步骤一步一步地思考，就能得到答案。很显然，人在编写程序之前必须先想明白如何解决问题，想清楚这个过程。有时候，这个过程是很复杂的，人们需要借助程序流程图来厘清这个过程。

> **能量加油站**
>
> 　　程序流程图是用规定的符号描述一个专用程序中所需要的各项操作或判断的图示。这种流程图着重说明程序的逻辑性与处理顺序，具体描述了计算机解题的逻辑及步骤。当程序中有较多循环语句和转移语句时，程序的结构将比较复杂，给程序设计与阅读造成困难。程序流程图用图的形式画出程序流向，是算法的一种图形化表示，具有直观、清晰、更易理解的特点。
>
> 　　程序流程图由起止框、处理框、判断框、输入输出框、流程线等元素构成，元素结合相应的算法，构成整个程序流程图，如表 2-1 所示。起止框表示程序的开始或结束；处理框具有处理功能；判断框（菱形框）具有条件判断功能，有一个入口，两个出口；输入输出框表示输入和输出的信息；流程线指示流程的路径和方向。
>
> **表 2-1　程序流程图的组成元素**
>
> | 符　号 | 符号名称 | 功　能　说　明 |
> |---|---|---|
> | ⬭ | 起止框 | 表示程序的开始和结束
（注：一个程序只能有一个开始处，但可以有多个结束处） |
> | ▭ | 处理框 | 表示执行一个步骤（框中指出执行的内容） |
> | ◇ | 判断框 | 表示要根据条件选择执行路线，出口会多于一个 |
> | ▱ | 输入输出框 | 表示需要用户输入或由计算机自动输出的信息 |
> | ↓ | 流程线（指向线） | 指示流程的路径和方向 |

　　程序流程图就是人思考出来的解决问题的步骤。人们根据程序流程图就可以编写程序，告诉计算机该如何做才能解决问题。解决问题的思路是复杂的，但是人们发现任何问题都可以通过三种基本的思路及它们的组合来解决。这三种基本的思路就是程序的基本结构，它们是顺序结构、分支结构和循环结构。

能量加油站

任何复杂的程序都可以由顺序结构、分支结构和循环结构组成，如图2-3所示。

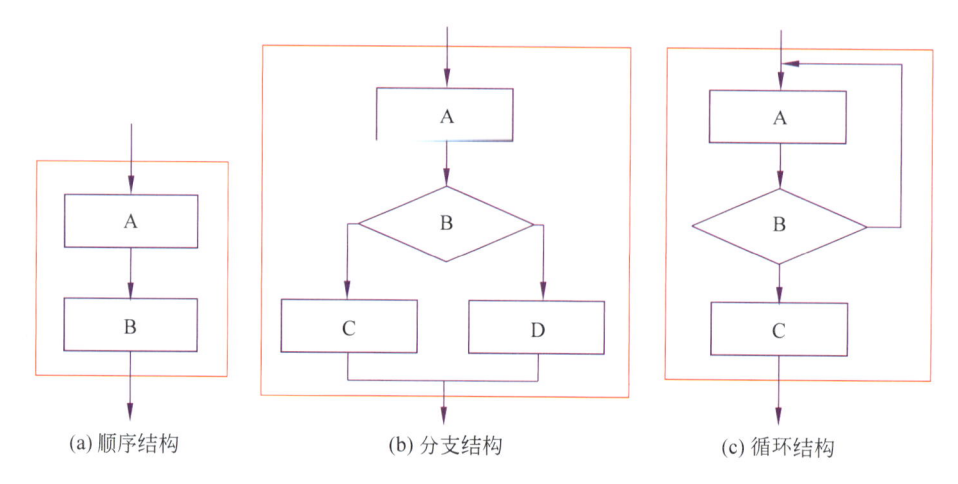

(a) 顺序结构　　(b) 分支结构　　(c) 循环结构

图2-3　程序流程的三种基本结构

（1）顺序结构。顺序结构是简单的线性结构，各框按顺序执行。

（2）分支结构。分支结构是对某个给定条件进行判断，条件为真或假时分别执行不同的框的内容。

（3）循环结构。循环结构有两种基本形态：while 循环和 do-while 循环。

① while 循环的执行序列：当条件为真时，反复执行循环体中的程序，一旦条件为假，跳出循环，执行循环体后面的语句。

② do-while 循环的执行序列：首先执行循环体中的程序，再判断条件，条件为真时，一直循环执行循环体中的程序，一旦条件为假，结束循环，执行循环体后的下一条语句。

第二单元 计算机智能的发生

> 在构造一个程序时，仅以这三种基本结构作为"建筑单元"，遵守三种基本结构的规范，基本结构之间可以并列，也可以相互包含，但不允许交叉，不允许从一个结构直接转入另一个结构的内部。正因为整个程序是由三种基本结构组成的，就像用模块构建的一样，所以结构清晰，易于正确性验证和纠错，这种方法就是结构化方法。遵循这种方法的程序设计，就是结构化程序设计。相应地，只要规定好三种基本结构的程序流程图的画法，就可以画出任何程序流程图。

大显身手

请尝试用语言描述出第一单元第二课中光控窗帘的工作过程。

_____
_____
_____
_____

我的小成就

通过本课的学习，你是否明白了计算机为什么会自己解决新问题？为自己取得的小成就送上小星星吧！五颗星表示理解并掌握了，三颗星表示还需努力。

小 成 就	星 级
知道计算机与人交流是通过计算机程序	
理解编写计算机程序需要人们先想清楚问题的解决过程	
掌握程序流程图的三种基本结构	

AI 爱创新

请尝试使用程序流程图的方式将光控窗帘的工作过程表达出来。

第二单元　计算机智能的发生

第三课　刷脸门禁系统

图图学习了程序和程序流程图后，还解决了光控窗帘的程序流程问题。他现在已经可以将刷脸门禁系统的程序流程图画出来了，希望能将刷脸门禁系统制作出来。

> 我画出了刷脸门禁系统的程序流程图，很想把刷脸门禁系统制作出来，下一步我该做什么呢？

> 我们现在有开发刷脸门禁系统的思路了，如何把这个思路表达出来传给计算机，让计算机按照我们的思路来运行是下一步要做的事情。

聪明的大脑

刷脸门禁系统该如何选择"大脑"呢？我们又该如何告诉"大脑"认识主人们呢？

AI 大挑战

制作刷脸门禁系统。

准备好了

编程软件和主控板，如图 2-4 所示。

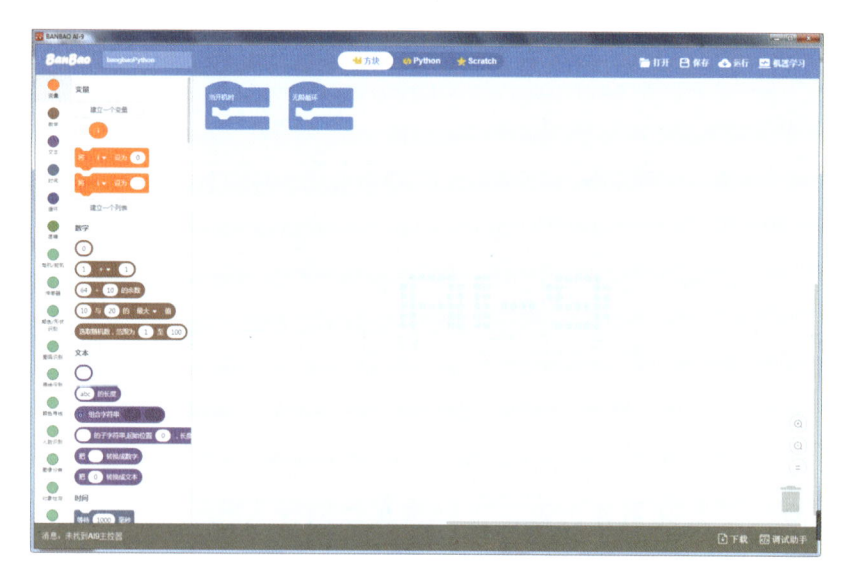

(a) 编程软件

(b) 主控板

图 2-4　编程软件和主控板

奇思妙想

图 2-5 是刷脸门禁系统程序流程图。

第二单元　计算机智能的发生

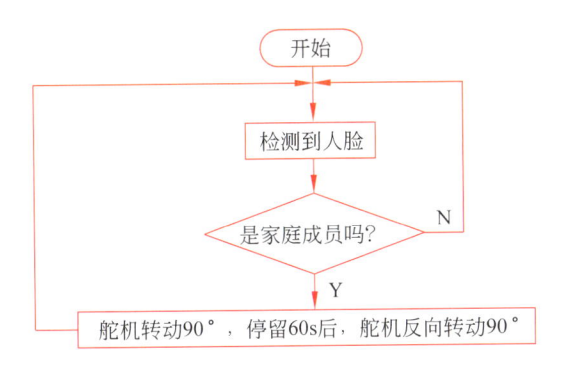

图 2-5　刷脸门禁系统程序流程图

大显身手

第一步：根据主控板的说明建立了家人脸部图库，并且传给计算机。

图库的建立使用的是编程软件界面"机器学习"中的"图像学习"功能，在没有连接主控板的情况下，也可以使用这项功能，如图 2-6 所示。

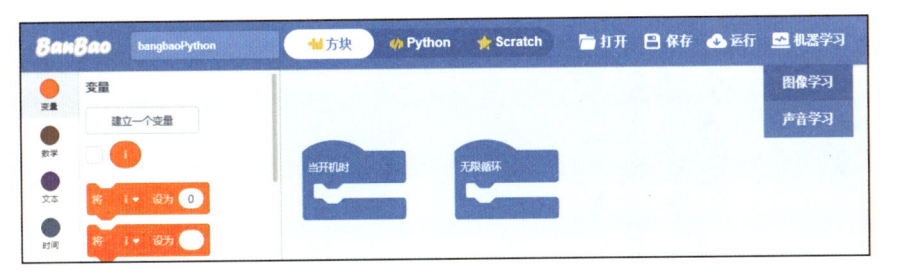

图 2-6　"机器学习"中的"图像学习"

点击"图像学习"命令后，进入图 2-7 所示的"机器学习—图像"界面，点击"分类 1"中的"摄像头"，选取采集图像使用的摄像头。

从多个角度采集家庭成员的人脸图像并命名，如图 2-8 所示。使用同样的方法，在"分类 2"中为第二位家庭成员采集人脸图像并命名。点击"添加分类"，为其他家庭成员采集人脸图像并命名。

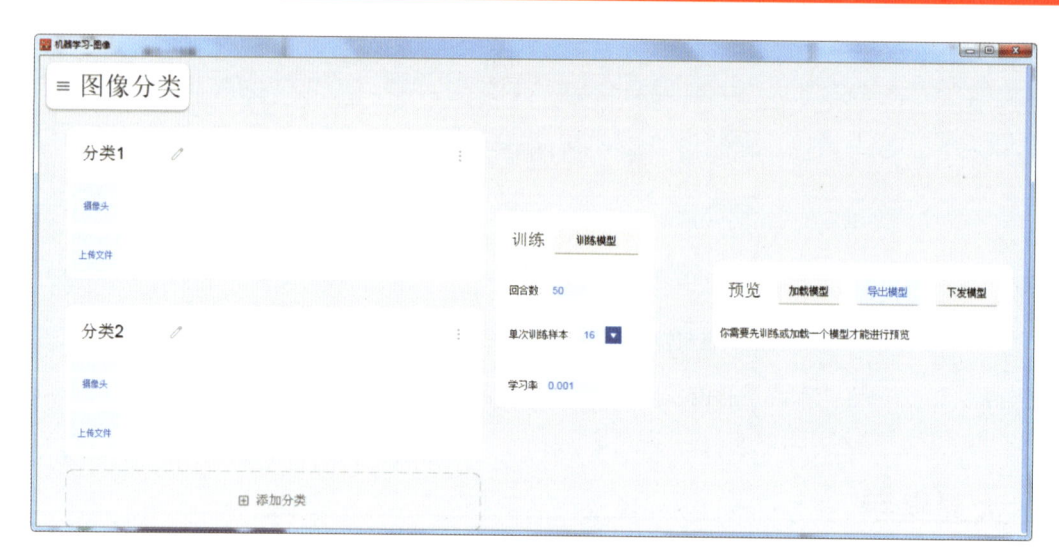

图 2-7 "机器学习—图像"界面

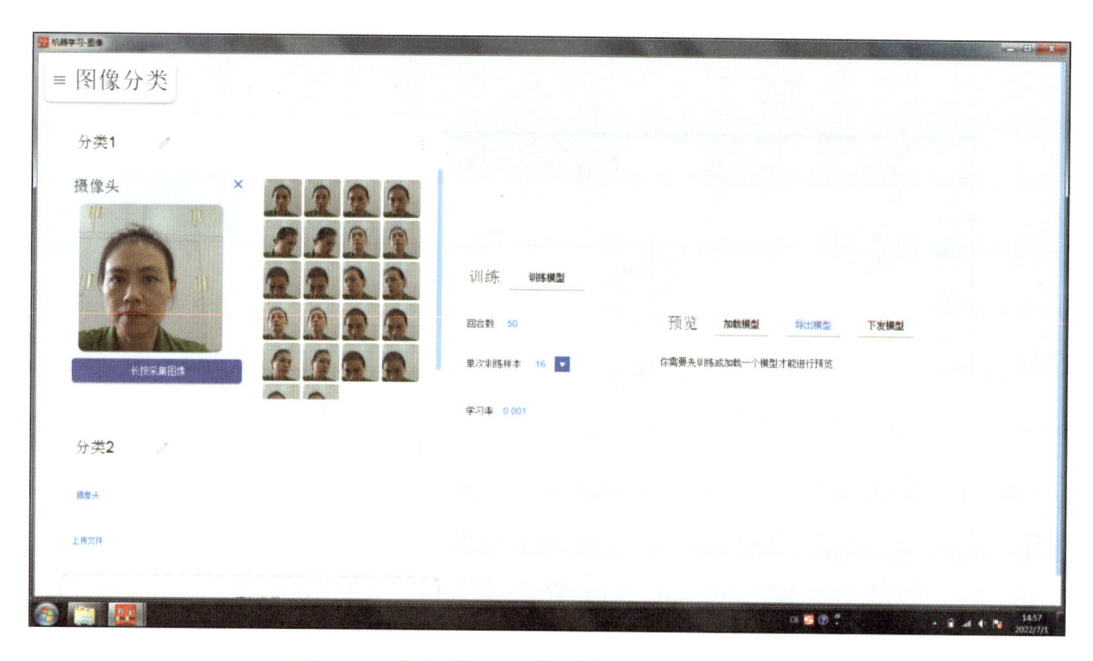

图 2-8 多个角度采集家庭成员的人脸图像

> **小贴士**
> 在命名时请使用字母或数字进行命名。

当所有家庭成员的人脸图像都采集完毕后，点击"训练模型"→"下发模型"按钮（此时需保证计算机连接并识别了主控板，若计算机无法识别主控板请及时安装驱动程序），填写相应的文件名称后，将计算机中的图库导入主控板的CPU。

第二步：编写控制程序。

根据程序流程的思路：如果计算机检测人脸是家庭成员，舵机转动90°，停留60s后，舵机反向转动90°；如果计算机检测人脸不是家庭成员，舵机不动。根据程序流程图在编程软件中编写如图2-9所示的程序。

图2-9 刷脸门禁系统的程序

第三步：上传程序。

将程序上传到主控板，对程序进行测试，发现刷脸门禁系统的工作过程与自己设想的一样。

我的小成就

经过不断学习和实践，你制作出刷脸门禁系统了吗？它能按照你的意愿进行运转吗？为自己已经获得的小成就画上√吧。

小 成 就	完 成 与 否
理解刷脸门禁系统的工作原理，可以为其添加新家庭成员权限	
已经制作出刷脸门禁系统，且能够正常运转	

AI 爱创新

（1）根据第二单元第二课中光控窗帘的工作过程描述，你如果想制作一个光控窗帘，需要准备哪些硬件材料？请写出来。

_____

_____

_____

（2）请准备上述材料，画出程序流程图，尝试制作一个光控窗帘。分享你的最终成果与感受吧！

44

第三单元
智能校园管理服务

学习目标

（1）了解校园楼宇的人数统计管理需求，学习人体热释电红外传感器的功能和原理，尝试设计和实施人数统计的方案。

（2）了解校园楼宇的遗留物检测和提示需求，查阅遗留物检测技术的最新进展，理解自然信源与人造信息的含义。

（3）了解校园楼宇对特定人智能跟踪的需求，设计和制作简单的智能跟踪移动服务平台。

图图看到一篇短文。一个女孩是制冷库房的工作人员。一天，当她在冷库工作时，因忙于工作忘记了时间，被反锁在冷库里。随着时间流逝，身体承受到了极限……等她醒来时，发现自己坐在工厂传达室里。原来这个女孩每天上下班都会跟传达室的保安打招呼，这天保安看见女孩进厂了，可是下班却迟迟没有看到女孩出门，所以就到处找女孩，最终在冷库救了她一命。

看完短文，图图长长地出了一口气，为女孩最后能够得救而高兴。同时，图图又想起今天在学校里听到的一件事，他们学校有一位老师因为工作到很晚，被锁在了教学楼里。图图觉得这两个问题有共同之处，如果楼宇或者房间对人数进行统计，就可以解决这个问题。

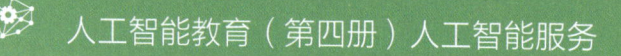

人工智能教育（第四册）人工智能服务

昨天，我们学校有位老师因为工作到很晚被锁在教学楼里了。我想如果能够有个检测人进出的装置放在门口，就可以知道有多少人进入这个门，有多少人还没出来，以后就不会再出现这种问题了。

这个主意不错！可以试试看哦！

第一课　人数统计服务

聪明的大脑

为完成人数统计的功能，该选择一个什么类型的传感器呢？

AI 大挑战

任务一：选择合适的传感器。
任务二：制作人数统计系统。

准备好了

编程软件和主控板，如图 3-1 所示。

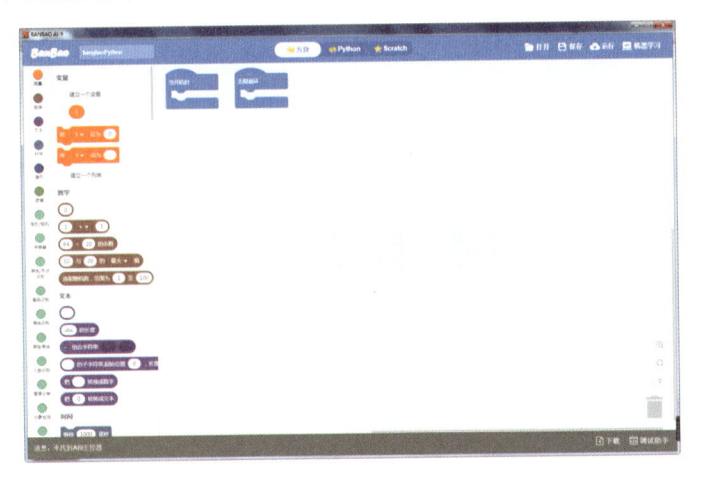

(a) 编程软件

图 3-1　编程软件和主控板

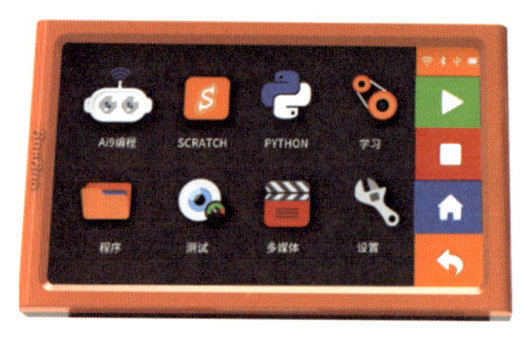

(b) 主控板

图 3-1 （续）

奇思妙想

图 3-2 是人数统计系统程序流程图。

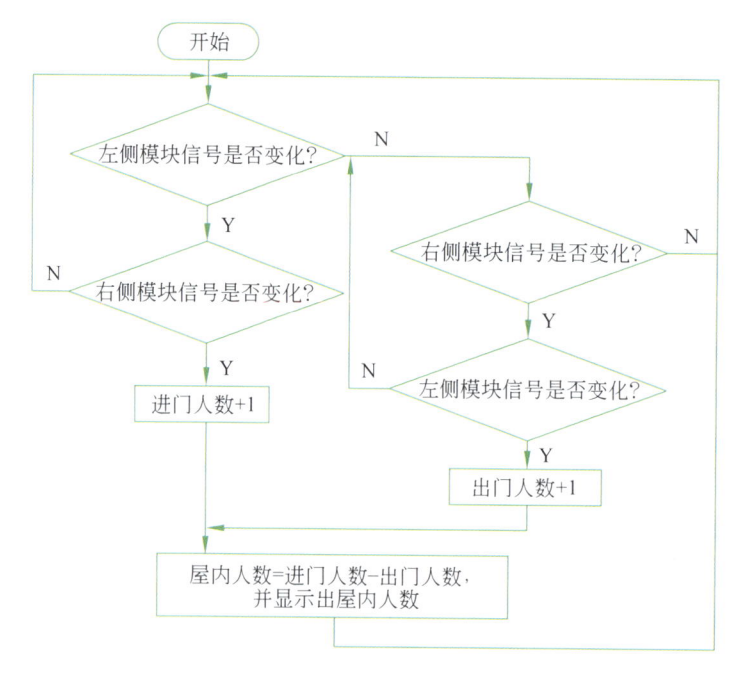

图 3-2　人数统计系统程序流程图

大显身手

第一步:选择传感器。

在网络上检索到了光电传感器,如图3-3所示,在产品说明中看到:如果有可以反光的物体挡在该产品前面,其信号线上的信号就会发生变化。

图 3-3　光电传感器(漫反射型)

> **能量加油站**
>
> 　　光电传感器是将光信号转换为电信号的一种元件,其发射器发射的光线是红外光或者激光。通过把光强度的变化转换成电信号的变化来实现控制。一般可以分成三类:对射型、反射型、漫反射型。
>
> 　　(1)对射型。
>
> 　　把一个发光器和一个收光器面对面地装在一个槽的两侧组成槽形光电。发光器能发出红外光或可见光,在无阻情况下收光器能接收光。但当被检测物体从槽中通过时,光被遮挡,光电开关动作,输出一个开关控制信号,切断或接通负载电流,从而完成一次控制动作。槽形开关的检测距离因为受整体结构的限制一般只有几厘米。
>
> 　　若把发光器和收光器分开,就可使检测距离加大,一个发光器和一个收光器组成对射分离式光电开关(简称对射式光电开关)。对射式光电开关的检测距离可达几米乃至几十米。使用对射式光电开关时把发光器和收光器分别装在检测物通过路径的两侧,检测物通过时阻挡光路,收光器就输出一个开关控制信号。
>
> 　　(2)反射型。
>
> 　　把发光器和收光器装入同一个装置内,在前方装一块反光板,利用反射原理完成光电控制作用,称为反光板反射式光电开关。正常情况下,发光器发出的光

源被反光板反射回来再被收光器接收；一旦被检测物挡住光路，收光器接收不到光时，光电开关就输出一个开关控制信号。

（3）漫反射型。

漫反射型光电开关检测头里也装有一个发光器和一个收光器，但其前方没有反光板。正常情况下发光器发出的光收光器是找不到的。在检测时，当检测物通过时挡住了光，并把光部分反射回来，收光器就接收到光信号，输出一个开关控制信号。

人数统计系统是用来检测人的，如果有一位送货的人，推着一推车的货物，那么使用光电传感器会检测错误的信息。因为系统可能会把货物也当作一个人，把推车把手也当作一个人来统计。

热释电红外传感器模块可以检测出人体发射的红外线。

能量加油站

如图 3-4 所示，热释电红外传感器可以检测人体发出的红外线信号，并将其转换成电信号输出。它顶部的长方形窗口加有滤光片，可以使人体发出的 9~10μm 波长的红外线通过，而其他波长的红外线被滤除，这样便提高了抗干扰能力。

图 3-4　热释电红外传感器

第三单元 智能校园管理服务

如果人数统计系统只用一个热释电红外传感器，就只能判断人穿过了门，至于是进入屋内还是从屋里出来，是无法判断的。所以至少需要两个传感器！

第二步：制作系统硬件。

使用两个人体热释电红外传感器设计方案，将热释电红外传感器水平分散放置如图 3-5 所示，尽量分散是为了让两个传感器先后接收到人体传来的红外线，从而分辨出人是进入屋内还是从屋里出来。CPU 接收这两个传感器发送的信号，判断哪个传感器先接收到人体发射出来的红外信号，从而判断这个人是进门还是出门，并进行统计和显示。

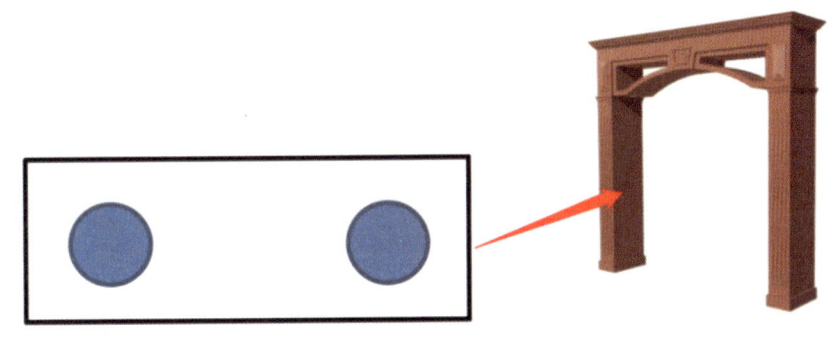

图 3-5　热释电红外传感器放置方式

第三步：编写程序。

使用身边的材料，搭建一个门框，选择一款带有 CPU 的主控板，按照程序流程图编写程序后进行调试。

我的小成就

图图找来同学小童，为他介绍自己的项目和方案，并演示了方案的实际效果。小童忍不住想为图图点赞，同时也想说说自己的想法。若你是小童，请填写下表。

项　　目	点　赞　星　级		
实验效果	☆ ☆ ☆	☆ ☆ ☆ ☆	☆ ☆ ☆ ☆ ☆
动手能力	☆ ☆ ☆	☆ ☆ ☆ ☆	☆ ☆ ☆ ☆ ☆
探究能力	☆ ☆ ☆	☆ ☆ ☆ ☆	☆ ☆ ☆ ☆ ☆
创新能力	☆ ☆ ☆	☆ ☆ ☆ ☆	☆ ☆ ☆ ☆ ☆

小童的想法：

AI 爱创新

图图经过实验后，发现理想条件下，人数统计系统可以统计出进出门的人数，但是有些情况，该系统的效果并不好，有待改进。

图图遇到的问题如下。

（1）如果两个及两个以上的人，前后距离很近，一起进出门，人数统计系统检测不出具体的人数，只检测出是一个人进出门。

你的改进小建议：

_____

_____

（2）人体热释电红外传感器会受到其他热源的干扰，导致计数不准。

你的改进小建议：

_____

_____

第二课　遗留物检测服务

图图在家里看书，妈妈回到家，抱怨道："我今天可真粗心！去街道办事处办事，把眼镜落在柜台了，估计又得重新配一个眼镜了！"图图想起在学校里，总是有同学在图书馆看书时落下自己的东西，食堂里也总有人把衣服或者饭卡落下了。图图心里思索着："要是能有个提示装置就好了，如果有东西落下，就发出提示声音。"

> 学校图书馆或者食堂总是有人会在看完书或者吃完饭忘记带走自己的随身物品，虽然有些地方设置了提示牌，但是效果不明显，可否设置一个语音提示装置来提醒人们带走自己的物品呢？能实现这种装置吗？

> 这个想法很棒啊！理论上，这种装置使用人工智能技术是可以实现的。图片处理是人工智能技术的一种，它能识别图片中的物品和人，还可以比较两张图片的差异。可将拍摄的人来之前与之后的图片进行对比，若有差异，则发出提示声音。

聪明的大脑

如何识别场景中的物品是遗留物而不是丢弃的垃圾呢？

AI 大挑战

利用 AI 软件实现遗留物检测功能。

奇思妙想

遗留物检测的工作过程：摄像头拍摄无人时的图片，保存成原图。如果有人来就继续拍照，直到图片中无人，对比最新图片与原图，如果有差异，则说明人落了东西，发出提示声音。如果无人，则间隔固定时间定时拍照。遗留物检测服务程序流程图如图 3-6 所示。

使用图 3-6 所示的程序流程图来解决遗留物检测服务存在一些误判的情况。例如同学们在食堂吃饭，落下了饭卡或者衣服是可能的，但是也可能不小心把饭菜弄撒了一些，这种情况下也有差异，但是就没有必要提示了。

用在图书馆也不能保证不会误判。图书馆的人总是在流动，人来人往。可以说没有一个准确的时间表示人走之后，只有闭馆时，所有人都走了，此时再拍摄照片进行比对，已经没有意义了，因为人都走了。

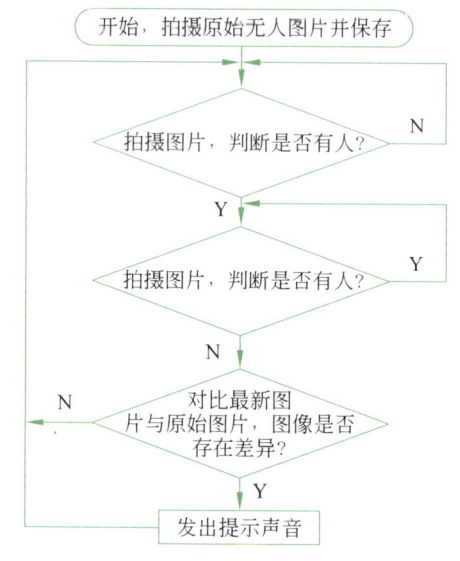

图 3-6 遗留物检测服务程序流程图

遗留物检测是智能视频监控中的一项基本功能，基本上是智能视频监控领域的必备功能。然而，在实际应用中漏报或误判率依然很高。常见的遗留物检测方法主要分为两类：一类是先检测，再根据检测前景在场景中的停留时间来判定是否为遗留物；另一类则是先检测，然后采用跟踪方法判断是否为遗留物，该类方法由于目标跟踪本身存在难点，实际应用的场景也受到了很大的限制。

遗留物检测问题虽然非常复杂，但是很多学者都在做这方面的研究。他们相信信源能发出信息，我们人类总能想出办法检测到这个信息！

> **能量加油站**
>
> 　　信源是产生各类信息的实体。它给出的符号是不确定的，可用随机变量及其统计特性进行描述。信息是抽象的，信源则是具体的。例如，人们交谈，人的发声系统就是语音信源；人们看书、读报，被光照的书和报纸本身就是文字信源；常见的信源还有图像信源、数字信源等。信号的产生（物）被称为信源，相对应的概念应该是信号的接收（物）被称为信宿。信号传递的通道就是信道，是将信号进行传输、存储和处理的媒介。信道的关键问题是它的容量大小，要求以最大的速率传送最大的信息量。
>
> 　　在传统的信息传播过程中，对信源的资格有严格的限制，通常是广播电台、电视台等机构，采用的是有中心的结构。而在计算机网络中，对信源的资格并无特殊限制，任何一个上网者都可以成为信源。
>
> 　　自然信源是自然界一切能发出（主动或被动）信息的物体。在地质找矿工作中，埋藏在地下的地质体能发出信息，是自然信源的一种。例如，埋藏在几百米深的金属矿体，如果矿石中含有磁铁矿或磁黄铁矿，在其上就会有磁异常出现；如果矿石中含有大量硫化物（特别是黄铁矿），在其上就会有电波异常出现；如果矿石中含有大量相对密度比围岩大的矿物，在其上会有重力异常出现；如果矿体上覆岩层中有通过含矿层的断裂带、破碎带或裂隙带，在矿体上部地表中往往会有地球化学异常（地电化学、水化学及气体化学等异常）。这些异常就是地下金属矿体"发出"的表示它存在的信息。自然信源发出的信息就是自然信息。

> 人造信息指的是人类实践活动所产生的结果，其范围主要包括人造目标（如建筑物、汽车等）和人造自然（如修剪过的草坪、人工湖等）。

我的小成就

学完本课内容，你有哪些收获呢？为自己学到的知识画上√吧。

小 成 就	学到了吗？
理解遗留物检测服务的基本程序流程	
了解信源的概念，知道信源分为自然信源和人造信源	

AI 爱创新

（1）请你想想，图图提出在图书馆使用遗留物提示装置，比对来人前后图片的方法，有可能出现提示不准确的情况吗？请写出你的理由。

_____

_____

（2）遗留物提示装置还可以在哪些场合使用呢？请写出你的想法。

_____

_____

_____

第三单元　智能校园管理服务

第三课　智能跟踪移动服务

　　学期结束了，图图到学校找张老师问问题，发现好多老师在搬东西。有的老师用自己的办公椅装东西，因为办公椅有轮子，移动方便。张老师也在收拾东西，图图问明原因，原来是学期结束之后要换教室，老师们的办公室也要换了。图图热情地帮助张老师搬了好几趟东西，问题也在搬东西的过程中解决了。在回家的路上，图图想如果学校准备几个智能跟踪移动平台供老师们借用，让该平台能够自动跟踪人，人走到哪里，它就跟到哪里，还能帮忙运东西，大家就不用这么费劲了。

　　AI小博士，我有个问题需要请教您！我想如果学校准备几个智能跟踪移动平台供老师们借用，让该平台能够自动跟踪人，帮忙运东西，老师们就不用这么费劲了。我觉得在很多其他场合应该也可以用得上。

　　这个想法听起来不错呢！很像目前市面上已经有的自动跟踪行李箱。

聪明的大脑

如何实现自动跟踪功能呢？

AI 大挑战

了解自动跟踪功能的实现方法。

准备好了

编程软件、主控板、移动平台拼接件（两个驱动电动机）和摄像头，如图 3-7 所示。

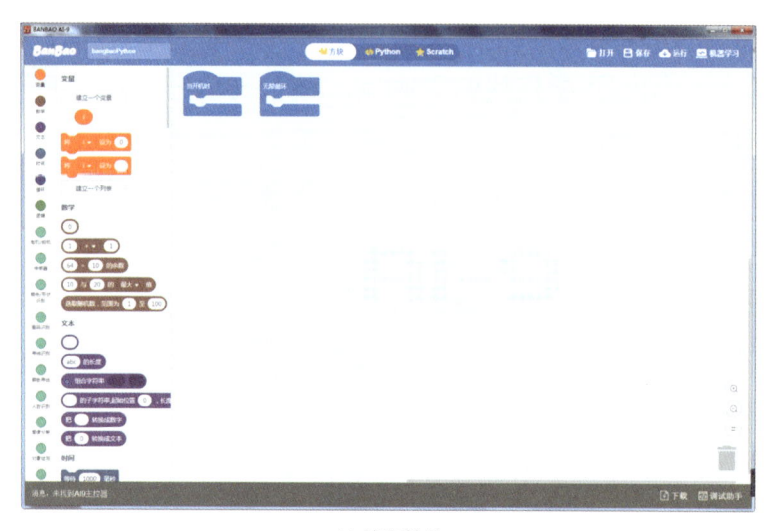

(a) 编程软件

(b) 主控板、移动平台拼接件和摄像头

图 3-7　编程软件、主控板、移动平台拼接件和摄像头

奇思妙想

实现自动跟踪功能的方法不是唯一的。

> **能量加油站**
>
> 目前，市面上主流的自动跟踪技术有以下4种。
>
> （1）全球定位系统。
>
> 全球定位系统（Global Positioning System,GPS）非常成熟，因为要与卫星通信，室内无法接收卫星信号，所以无法做室内跟踪。这种方法可以做室外跟踪，但是定位精度比较低，一般情况只能达到米级以上，对距离误差不敏感的情况可以使用。
>
> （2）脉冲通信定位。
>
> 脉冲通信技术又称脉冲无线电（Impulse Radio）技术。这种技术用上升沿和下降沿都很陡的基带脉冲直接通信，定位精度可以做到厘米级别。使用该跟踪技术，除了定位距离还需要确定信号源角度，所以信号接收端一般是两个或两个以上间隔一定距离的接收模块，依靠这个距离差用三角法计算信号源的相对角度。
>
> （3）视觉定位。
>
> 因为需要知道距离信息，所以做视觉定位跟踪的是带3D深度信息的视觉识别。用视觉识别来做定位，算法难度会很高。业界也有一些产品做了一些巧妙的改进来降低难度，用到的原理：激光发射器发射一束一字线性激光，经漫反射回来被红外摄像头接收，用三角测距法计算一维的深度信息。视觉定位有个非常突出的优点，即不用携带信号源。缺点也很明显：成本很高；人多的时候，穿插走动，容易跟丢；对室外阳光干扰非常敏感。
>
> （4）超声波定位。
>
> 超声波定位技术原理是利用接收阵列接收超声波信号的时间差异来计算信号源的角度，再配合无线信号与超声波信号传递时间差可以定位距离。超声波定位

> 方案非常大的优势是成本非常低廉，体积小，并且定位精度非常高；缺点是周围不能持续有同频的超声波干扰。

使用人工智能技术是可以实现的。需要一个摄像头来采集识别目标的图像，需要使用人工智能控制平台进行处理，根据实时采集到的图像，人工智能控制平台发出控制命令来指挥移动平台，这样就能跟踪人了。

智能跟踪移动平台需要能前进、后退、转弯才能跟上人的步伐，所以至少要有两个电动机，当控制左、右两个轮子的电动机转速不同时，平台就可以实现转弯的效果了。

大显身手

第一步：设计与构思。

智能跟踪移动平台的结构框图如图 3-8 所示。

摄像头 → AI9控制器 → 移动平台

图 3-8 智能跟踪移动平台的结构框图

智能跟踪移动平台的原理：如果平台没有识别到人脸，则原地转动寻找人脸，如果识别到人脸，则根据图像中人脸的宽度来判断是否距离人很近。如果人脸很宽，则说明平台距离人很近，需要停止运动；如果人脸比较窄，说明平台距离人很远，需要向前移动。

第二步：编写程序流程图。

智能跟踪移动平台程序流程图如图 3-9 所示。

第三步：编写程序并调试。

使用人工智能编程软件编写如图 3-10 所示的程序。

第三单元　智能校园管理服务

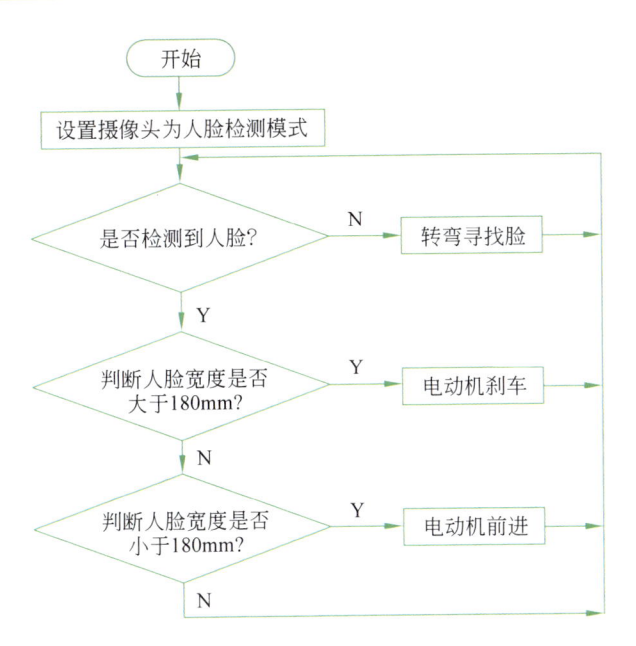

图 3-9　智能跟踪移动平台程序流程图

图 3-10　智能跟踪移动平台的程序

注：全书编程软件中的电机为电动机。

程序成功运行后，对智能跟踪移动平台进行测试，可根据效果对程序进行调整。

我的小成就

经过几天的努力，图图终于完成了智能跟踪移动平台，他高兴地拿给爸爸妈妈看，一边解说平台的功能，一边给他们演示。请你代替妈妈从以下几方面给图图的新作品一些评价。

评价项目	点赞星级		
实验效果	☆☆☆	☆☆☆☆	☆☆☆☆☆
动手能力	☆☆☆	☆☆☆☆	☆☆☆☆☆
探究能力	☆☆☆	☆☆☆☆	☆☆☆☆☆
创新能力	☆☆☆	☆☆☆☆	☆☆☆☆☆

AI 爱创新

（1）图图的智能跟踪移动平台会不会跟丢？什么情况下会发生这种情况？

_____

_____

（2）智能跟踪移动平台还可以用在哪些场合？

_____

_____

_____

第四单元
智能语音服务

学习目标

（1）通过了解语音识别的基本原理，学会采集简单的语音并提取相应的语音信息，完成相应的语音采集任务。

（2）通过学习语音命令控制编程的基本方法，编制简单的语音控制命令。

（3）经历智能闹钟程序编制的基本过程，初步了解语音识别技术的呈现方式和作用。

这是下着蒙蒙细雨的清晨，图图被那温柔的音乐铃声唤醒了。外面滴答的雨声，身旁悦耳的铃声，带着还有几分朦胧睡意的图图，进入了未来畅想世界。图图想着，如果能做一个说一声"关闭闹铃"就会自动关闭闹铃的小闹钟，就不用总是着急地跑到闹钟前关闭闹钟了！那就太有意思了！可是从哪里开始呢？

人工智能教育（第四册）人工智能服务

第一课　语音识别技术

　　为了按照自己的想法制作一个智能闹钟，图图找来了许多人工智能相关的书籍，但是看着都好复杂。图图一边翻着书，一边想着"到底怎么样才能做出一个我想要的、能听话自动关闭闹铃的智能闹钟呢？"图图找到 AI 小博士请教这个问题。

> 　　今天早上闹钟将我闹醒了，我很想跟闹钟说一声"关闭闹钟"它就能自动关闭，就不用我着急地下床来关闭了。这能实现吗？

> 　　在我们这个人工智能的时代，这个想法是可以实现的，不过你要先想清楚这个过程。假设你是小闹钟，平时爸爸妈妈叫你做一件事的时候，从听到爸爸妈妈的请求到你完成这项任务，整个过程你需要完成哪些环节呢？首先要能听到他们的声音，并且听懂他们的话，然后才知道要做什么了，就能控制自己去做了。

聪明的大脑

如何才能让闹钟听见说话的声音呢？

AI 大挑战

用编程软件采集语音信息。

第四单元　智能语音服务

准备好了

计算机，如图 4-1 所示的编程软件。

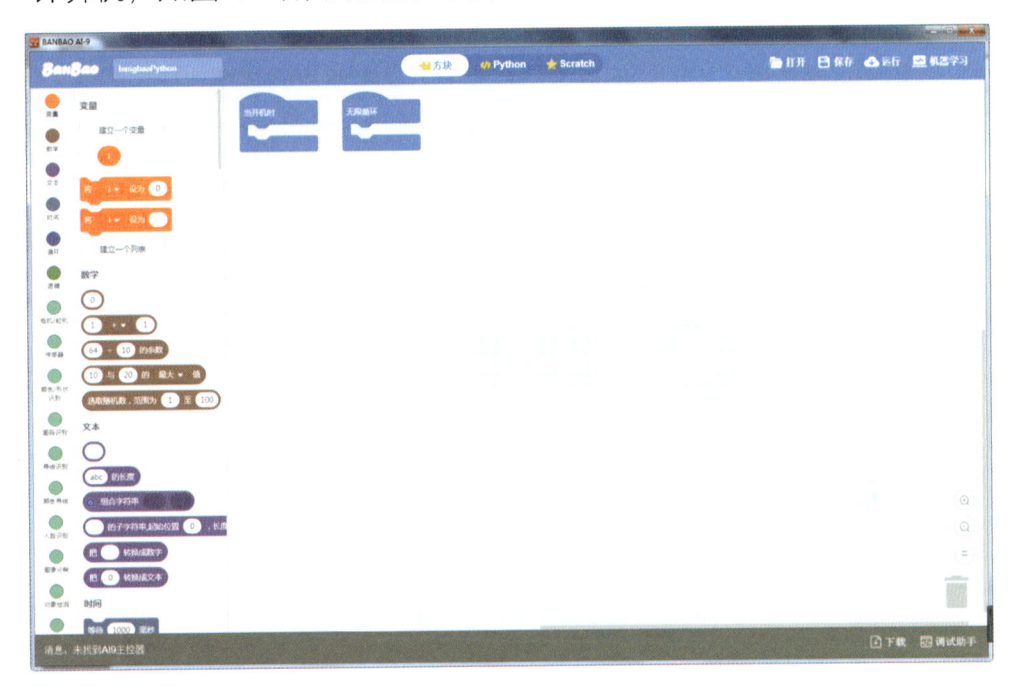

图 4-1　编程软件

大显身手

能量加油站

　　语音识别技术不是突然出现的，早在 1952 年 Davis 等人研制了世界上第一个能识别 10 个英文数字发音的实验系统时，就已经正式开启了语音识别的进程。语音识别技术至今已有 70 多年的发展历程。但是 1993—2009 年，语音识别主要集中在小词汇量、孤立词识别方面，一直处于技术水平一般、语音识别率提升缓慢甚至处于停滞状态；不过后来随着深度学习技术的到来，语音识别技术已经能够完成大词汇量连续识别的任务，大大降低了语音识别错误率；2015 年之后，因为"端到端"技术的兴起，语音识别性能更是得到了大幅度提升。

　　语音识别就是将人们说的话语信息转换为文本信息的技术。在如图 4-2 所示的语音识别过程中，首先需要语音识别系统对收集到的有效语音信息进行增强处理，然后通过特征提取有效的音频信息，再借助声学模型和语音模型的辅助对音频信息进行处理，完成匹配搜索，输出概率最高的文本系列，通过后处理系统将文本内容根据具体的应用场景进行输出呈现。

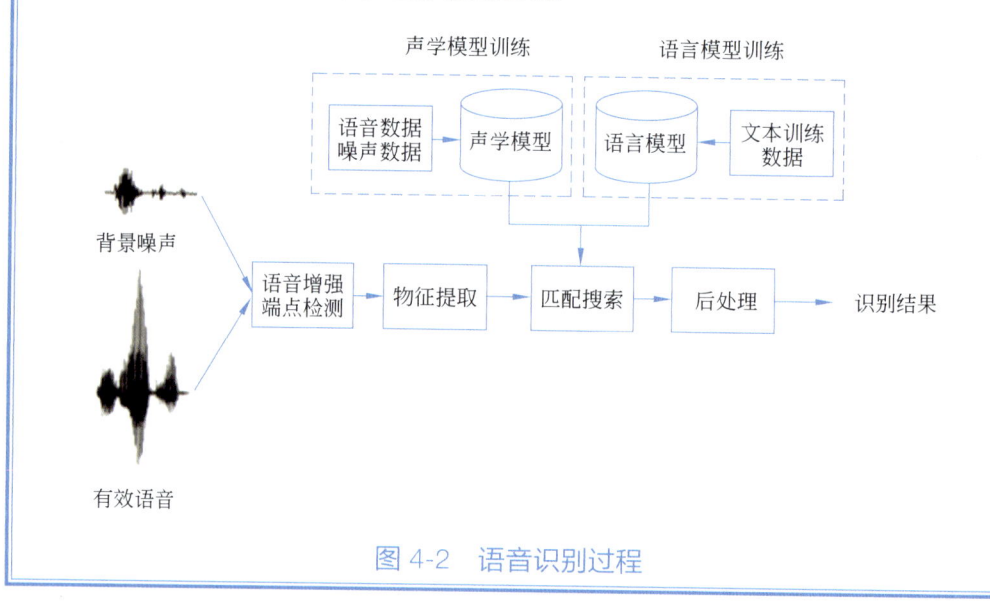

图 4-2　语音识别过程

第一步，采集语音信息。

打开编程软件，在软件界面上，选择菜单"机器学习"→"声音学习"命令，如图 4-3 所示。

打开的"语音识别"界面如图 4-4 所示。

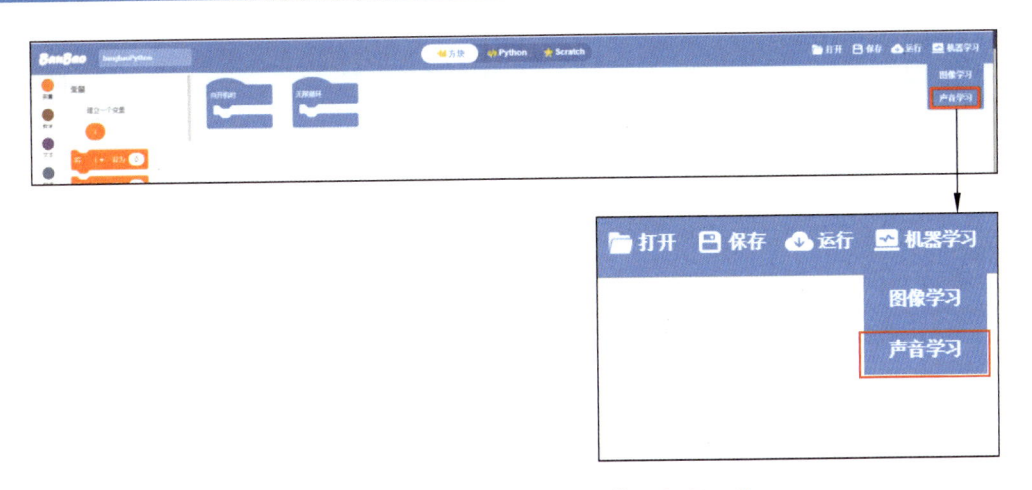

图 4-3 "机器学习"中的"声音学习"

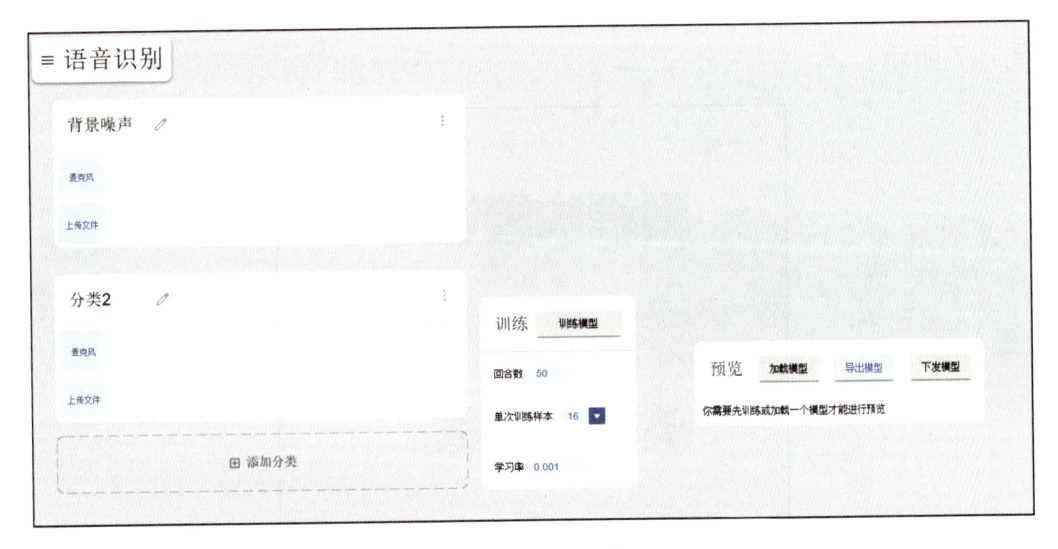

图 4-4 "语音识别"界面

第二步,提取语音信息特征。

在"语音识别"界面单击"背景噪声"下方的"麦克风"按钮,如图 4-5 所示。找到如图 4-6 所示"长按录制音频"按钮。

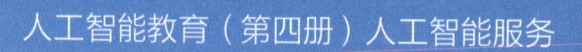

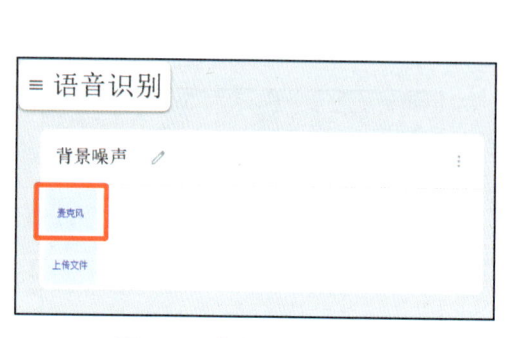

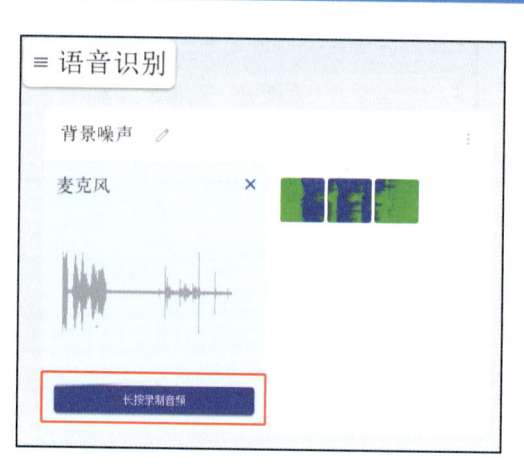

图 4-5 "麦克风"按钮　　　　　图 4-6 "长按录制音频"按钮

长按"长按录制音频"按钮，说"转动"和"停止"进行语音命令录制，如图 4-7 所示。

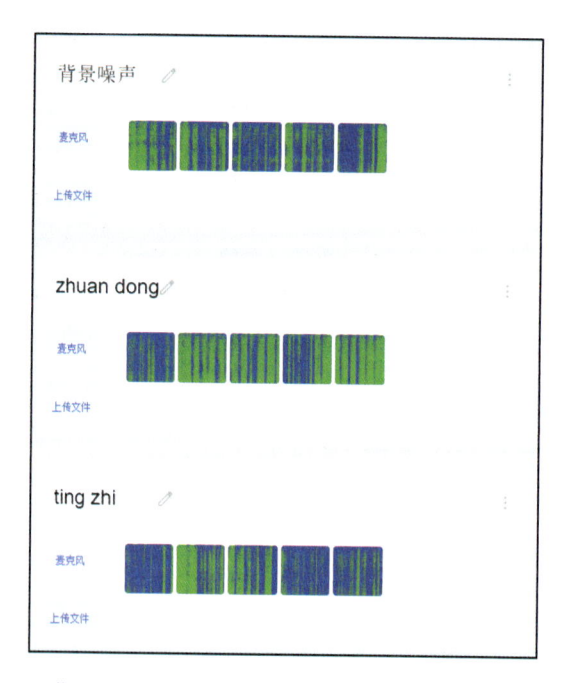

图 4-7 "转动"和"停止"语音命令录制界面显示效果

第四单元　智能语音服务

> **小贴士**
> （1）开始采集声音时，必须同时采集背景噪声。
> （2）采集语音指令务必简短清晰。
> （3）录制语音时，建议至少重复说 8 次需录制的语音内容。语音内容命名以数字或字母命名，如"转动"用 zhuan dong 命名。

第三步，匹配声学模型。

提取语音信息特征后，在"语音识别"界面单击"开始训练"按钮，进行匹配，如图 4-8 所示。

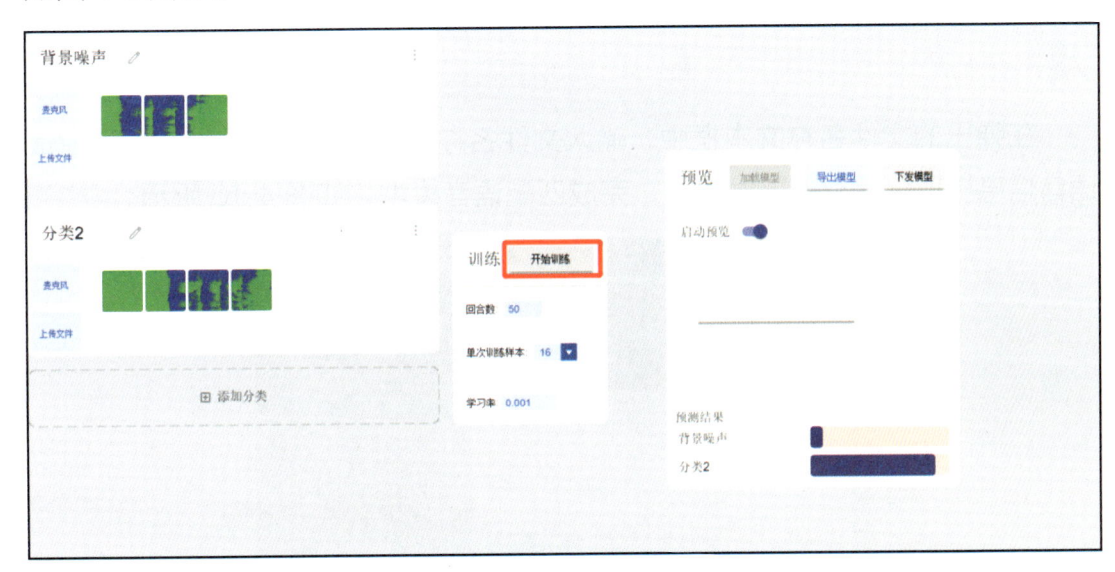

图 4-8　匹配声学模型

第四步，导出语音模型。

匹配完声学模型，在"预览"界面，单击"导出模型"或"下发模型"按钮，如图 4-9 所示。

69

图 4-9　导出语音模型

在弹出的文件名称文本框中，输入文件名称后单击"确定"按钮即可完成语音信息提取、保存或下发操作，完成匹配语音模型，如图 4-10 所示。

图 4-10　文件名称输入界面

小贴士

（1）下发或导出模型时，文件名称的命名方式也只能用数字或字母命名，不可用汉字命名。

（2）直接下发模型至主控板之前，需要用下载线一端连接计算机 USB 接口，另一端连接主控板程序下载接口，如图 4-11 所示，才可进行下发操作。

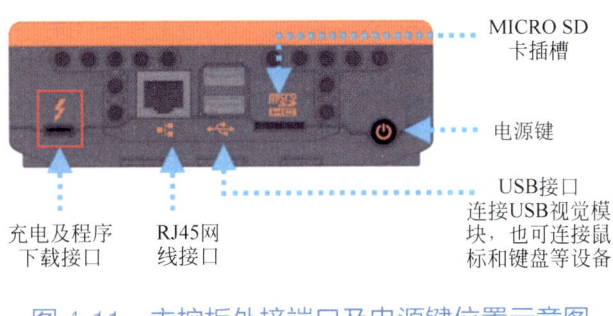

图 4-11　主控板外接端口及电源键位置示意图

我的小成就

图图成功完成了语音信息采集和提取过程，你完成了吗？整个过程中，你遇到了哪些困难？在探究能力和创新能力方面有没有提高呢？请按照下面的评价表，来给自己点点赞，同时写写自己的体验感想吧！

项　目	点　赞　星　级		
实验效果	☆☆☆	☆☆☆☆	☆☆☆☆☆
探究能力	☆☆☆	☆☆☆☆	☆☆☆☆☆
创新能力	☆☆☆	☆☆☆☆	☆☆☆☆☆
体验感想：			

AI 爱创新

（1）图图已经完成了"转动""停止"两个语音信息的采集和提取任务，如果是其他的语音信息，应该如何采集和提取呢？请写出你的方法。

_____
_____
_____

（2）经过实践，机器可以识别语音信息，但还不能实现关闭闹钟的功能，你觉得接下来该做什么工作呢？

_____
_____
_____

第四单元　智能语音服务

第二课　语音控制编程

神奇的人工智能技术，真是趣味无穷啊！求知、探索是一个不断进步的过程，图图在 AI 小博士的提示和帮助下，完成了语言的采集任务。语音信息是采集了，但是所采集的语音信息该怎么应用才会变成语音命令呢？接下来又有新的难题在等着图图去解决，我们也一起来吧！

> 现在我已经将自己的声音存储下来了，并且软件还可以辨别出我说的是什么。AI 技术真神奇！但是机器仅仅辨别出我说的是什么还不够啊！虽然机器已经认识了我的声音，但更重要的是让机器将我的声音转换成相应的控制命令。

> 这就需要利用软件来完成了。要想让采集的语音信息成为语音命令，需要借助一定的编程软件，编写相应的程序，然后再导入主控板中才能编写出相应的语音命令。

聪明的大脑

软件是如何将采集的语音信息变成语音命令的呢？

AI 大挑战

编写语音命令控制程序，将采集的"转动""停止"语音信息转换成语音命令。

73

准备好了

计算机，如图 4-12 所示的编程软件、主控板、电动机及若干拼接零件。

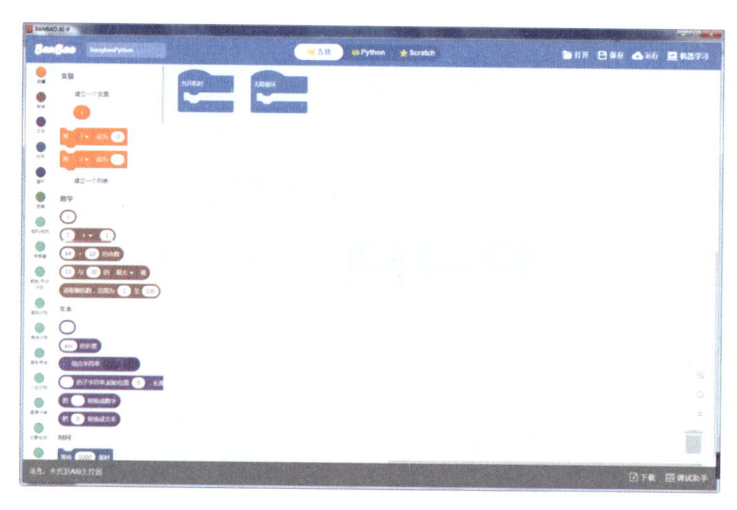

(a) 编程软件

(b) 主控板、电动机及若干拼接零件

图 4-12　编程软件、主控板、电动机及若干拼接零件

奇思妙想

语音命令控制程序流程图如图 4-13 所示。

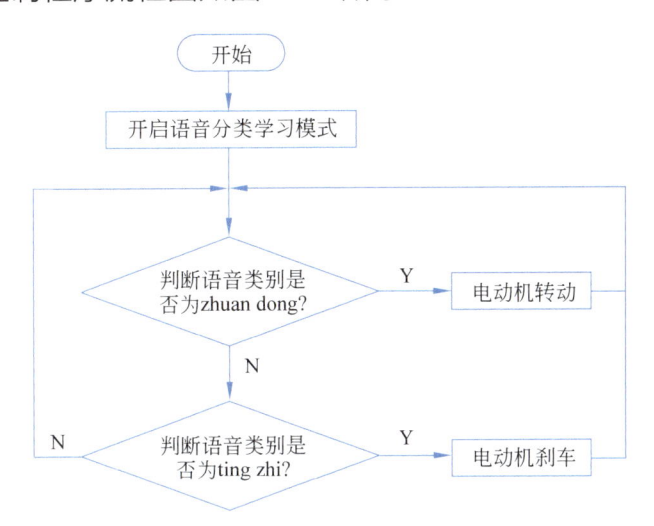

图 4-13　语音命令控制程序流程图

大显身手

第一步，打开编程软件，在软件左侧单击"机器学习－图像"，找到"摄像头设置为图像学习分类模式"，如图 4-14 所示，并拖曳至编程界面上的"当开机时"模块上。

第二步，单击"逻辑"，找到"如果……执行"条件模块，并将其拖曳到编程界面空白位置，如图 4-15 所示。

第三步，将"如果"后面的条件模块更换成如图 4-16 所示条件模块。

第四步，单击"机器学习－声音"，找到"检测到的声音类别"，并拖曳到"如果"后面的第一个空白框中，如图 4-17 所示。

图 4-14 拖曳"摄像头设置为图像学习分类模式"

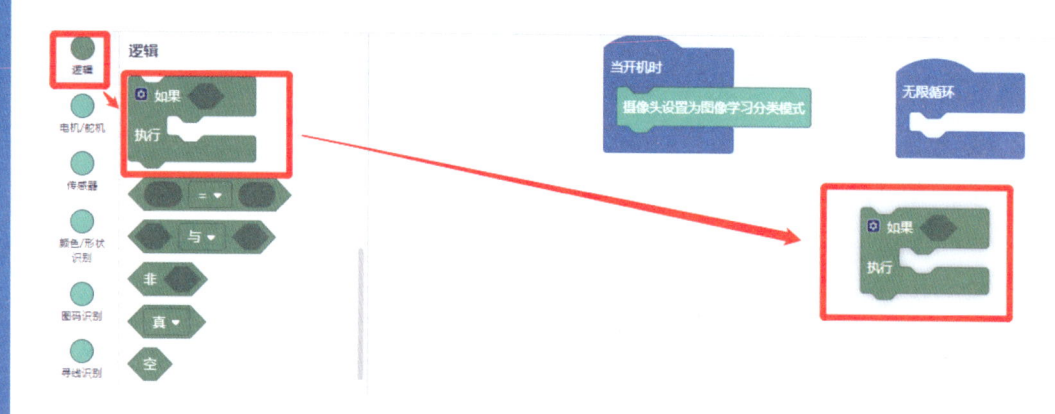

图 4-15 拖曳"如果……执行"条件模块

第四单元　智能语音服务

图 4-16　添加条件模块

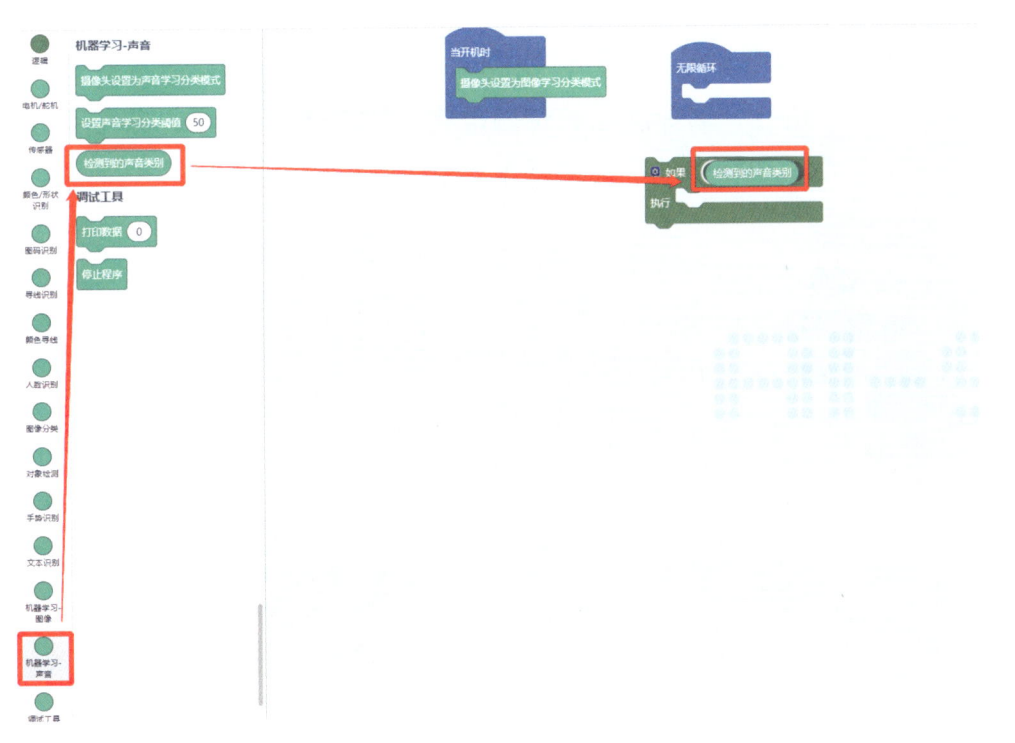

图 4-17　添加"检测到的声音类别"模块

第五步，单击"文本"，找到导入的 zhuan dong 文本，并拖曳至"如果"后面的第二个空白框中，即可完成"转动"命令条件设置，如图 4-18 所示。

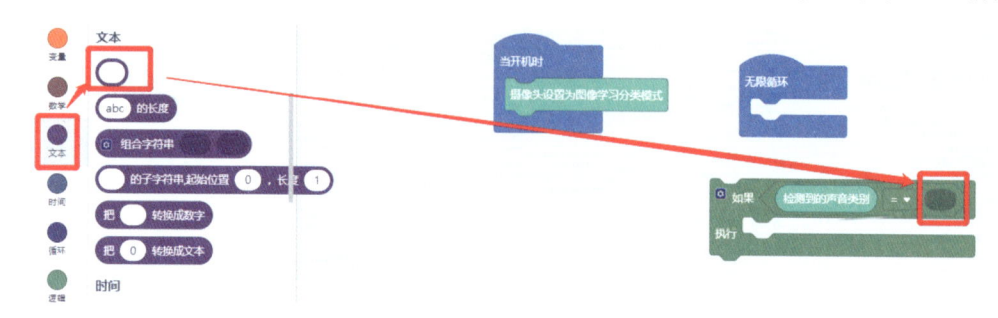

图 4-18 完成"转动"命令条件设置

第六步，单击"电机/舵机"，找到"M1 口的大电机以 50 速度转动"命令，并拖曳至"执行"命令后面的空白框中，如图 4-19 所示，即可完成依据 zhuan dong 命令，执行电动机转动操作。

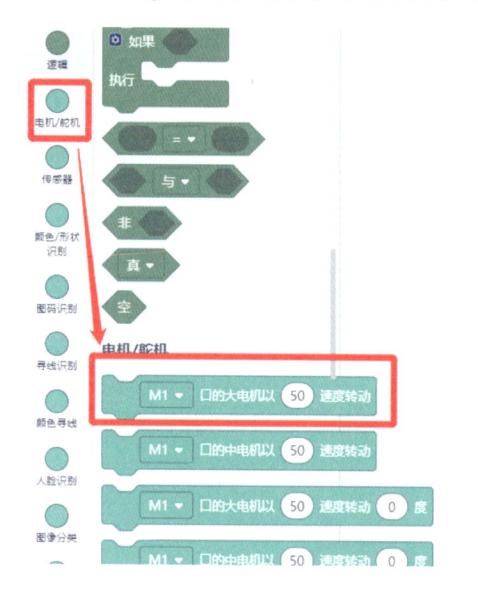

图 4-19 完成"执行"命令的设置

第四单元　智能语音服务

第七步，单击"逻辑"，再将"如果……执行"模块拖曳至编程界面的空白处，并单击模块左上角的蓝色"设置"按钮，将"如果……执行"命令换成"否则"命令；再如图 4-20 所示拖曳至之前设置好命令的"如果……执行"下方。

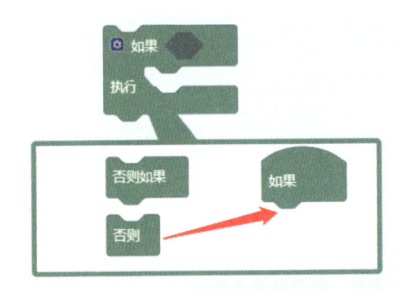

图 4-20　将"如果……执行"命令换成"否则"命令

第八步，再次拖曳一个"如果……执行"命令，并将"检测到的声音类别"再次拖曳至"如果"命令后面第一个空白框中，并找到 ting zhi 文本命令拖曳至"如果"命令后面的第二个空白框中，如图 4-21 所示；再将"电机/舵机"后面的"全部口的电机刹车"拖曳至"执行"命令后面的空白框中，完成"停止"命令编制。

图 4-21　添加 ting zhi 文本命令

第九步，将编制好的"停止"命令模块，整体拖曳至"转动"命令下面的"否则"命令后面，如图 4-22 所示，最终完成"转动"和"停止"语音命令编程操作。

第十步，连接主控板，点击编程软件右下角的"下载"按钮，如图 4-23 所示，将编制好的程序下载至主控板中，并用字母或数字命名。

第十一步，在主控板的屏幕上找到"程序"文件夹，如图 4-24 所示，选择并打开下载过来的程序模型，即可执行相关语音控制命令操作。

79

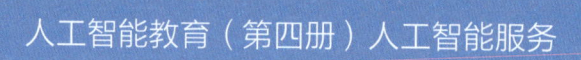

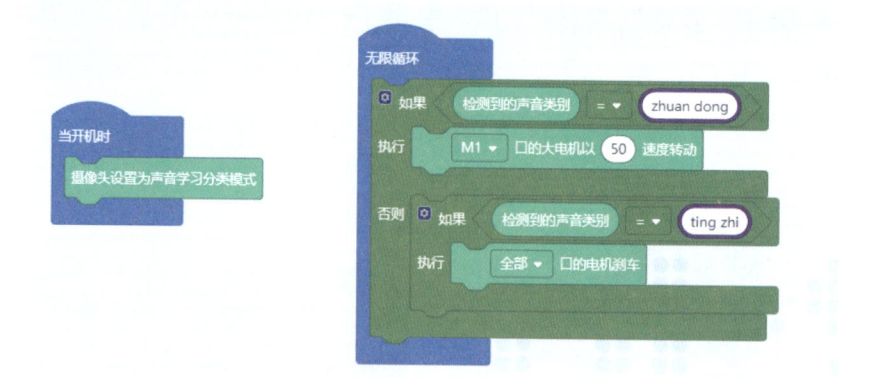

图 4-22 完成"转动"和"停止"语音命令编程操作

图 4-23 下载程序

图 4-24 在主控板上执行程序

我的小成就

图图成功完成了将采集到的语音信息转换成语音命令的工作，在主控板的外接端口上连接电动机。看，机器人已经可以听从他的命令了。他说"转动"，电动机就转动；他说"停止"，电动机就停止。你完成了吗？将这神奇的过程拍成视频分享给你的爸爸妈妈吧。将爸爸妈妈对你说的话记录下来，并写出自己的心情！

爸爸妈妈看到我的机器人演示视频后，对我说：

我的心情：

AI 爱创新

通过本课的体验过程，图图已经完成了将语音信息转换成语音命令的任务，离成功又近了一步。你觉得接下来应该怎样做才能实现听见"关闭闹钟"的语音提示后自动关闭闹钟呢？

第三课　智能闹钟

　　经历了一系列的探索与实践，图图终于完成了语音命令控制程序的编辑工作。编辑好的"转动"和"停止"的语音信息已经转换成了语音命令，机器也可以听懂图图的语音进行相应的操作了。图图非常开心，找到 AI 小博士，想分享自己的成果，另外再咨询一下自己制作智能闹钟的事情。

> 我想将项目中采集的语音信息改成"开启闹钟"和"关闭闹钟"，命令输出的形式应该也是不同的，在智能闹钟项目中，不论是开启还是关闭都需要电动机动作，正好可以帮我操作小闹钟的闹铃按钮，我说一遍命令，它就动作一次，就可以按照我的命令开启和关闭闹钟了。您说可以吗？

> 有想法就是爱思考的同学！我支持你，试一试吧！

聪明的大脑

如何利用第四单元第一、二课的知识来制作可以语音开启和关闭的闹钟呢？

AI 大挑战

用语音控制闹钟的开启和关闭。

准备好了

计算机，如图 4-25 所示的编程软件、主控板。

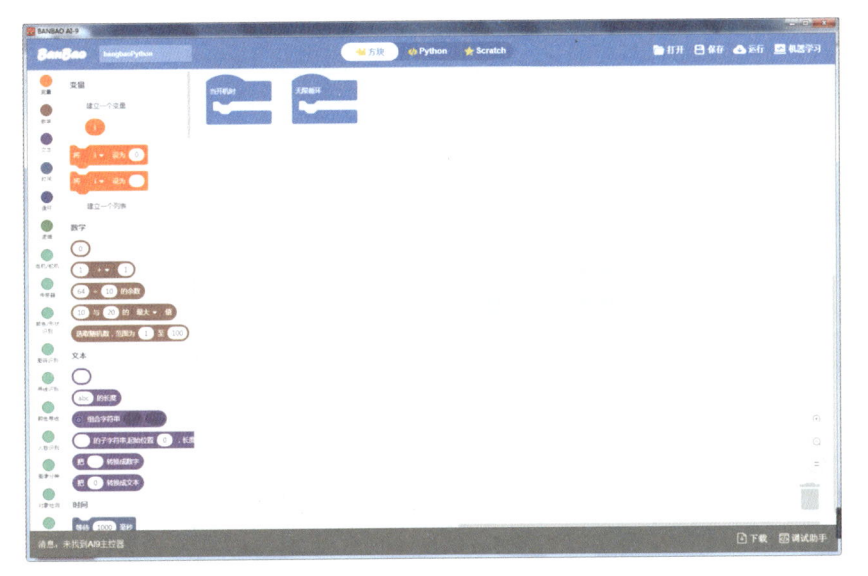

(a) 编程软件

(b) 主控板

图 4-25　编程软件、主控板

奇思妙想

智能闹钟的控制程序流程图如图 4-26 所示。

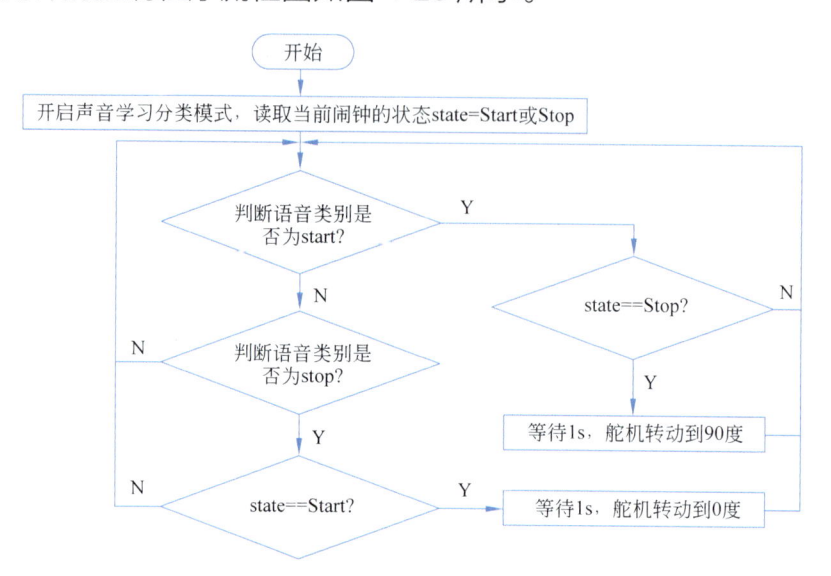

图 4-26 智能闹钟的控制程序流程图

大显身手

1. 设计流程

采集语音信息 ➡ 编制语音命令控制程序 ➡ 下载语音命令控制程序至主控板

2. 实践与探究

第一步，采集智能闹钟的语音信息。

用第四单元第一课学过的语音采集方法，采集"开启闹钟"以及"关闭闹钟"的语音信息，如图 4-27 所示。其中，"开启闹钟"语音信息命名为 start，"关闭闹钟"语音信息命名为 stop。

第二步，编写智能闹钟的语音命令控制程序。

第四单元　智能语音服务

按照图 4-28 所示编写智能闹钟的语音命令控制程序。

图 4-27　闹钟语音控制信息采集界面

图 4-28　智能闹钟的语音命令控制程序

85

> **小贴士**
>
> "等待"命令程序在软件最左侧的"时间"模块下，等待时间可以根据自己的需求来设定，如图4-29所示。
>
> 图4-29 设置等待时间

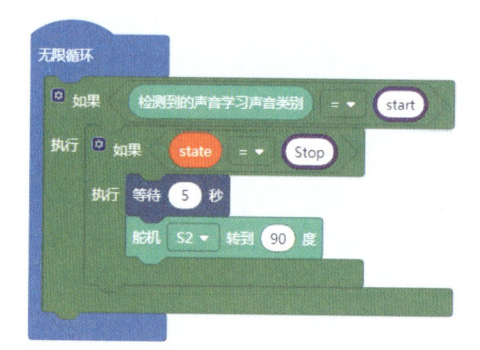

第三步，用第四单元第二课学习过的方法将编好的程序发送到主控板中，如图4-30所示，再在主控板中打开相应文件，即可执行语音控制闹钟开关的操作。

图4-30 编好的程序发送到主控板

我的小成就

图图终于做完了智能闹钟的装置，你做得怎么样呢？在编制智能语音定时控制命令的整个过程中，你有没有积极思考并参与合作呢？你的探究能力和创新能力有没有提高些呢？请按照下面的评价表，来给自己点点赞，同时写写自己的制作感受吧！

项　　目	点　赞　星　级		
外观效果	☆☆☆	☆☆☆☆	☆☆☆☆☆
合作能力	☆☆☆	☆☆☆☆	☆☆☆☆☆
探究能力	☆☆☆	☆☆☆☆	☆☆☆☆☆
创新能力	☆☆☆	☆☆☆☆	☆☆☆☆☆

制作感受：

AI 爱创新

查一查，如果你使用的主控板本身包含了发声元器件，不需要使用电动机来操作闹钟的"开启"和"关闭"按钮了，那么主控板本身是否可以作为一个智能闹钟呢？编写什么样的程序可以完成这个项目呢？